Andreas Kühne

Das Ehrenamt
Förderung von bürgerschaftlichem Engagement am Beispiel der
Engagement-Lotsen für Ehrenamtliche Niedersachsen (ELFEN)
in Wunstorf

Andreas Kühne:
Das Ehrenamt
Förderung von bürgerschaftlichem Engagement am Beispiel der Engagement-Lotsen für Ehrenamtliche Niedersachsen (ELFEN) in Wunstorf

Bibliografische Information der Deutschen Bibliothek
Die Deutsche Bibliothek verzeichnet diese Publikation in der Deutschen Nationalbibliografie; detaillierte bibliografische Daten sind im Internet über http://dnb.d-nb.de abrufbar

Herstellung und Verlag: Books on Demand GmbH, Norderstedt
Umschlaggestaltung: Ilja Mess
ISBN: 978-3-8391-1711-8

© 2009 Andreas Kühne

Inhalt

Einleitung..7

1. Bürgerschaftliches Engagement in Deutschland......................9

   Begriffsbestimmung...9
   Formen des bürgerschaftlichen Engagements........................11
   Zahlen zum bürgerschaftlichen Engagement.........................12

2. Die Geschichte des Ehrenamtes...19

   Von der Antike zur Neuzeit..19
   Preußische Städteordnung...20
   Entstehung des Vereinswesens...21
   Elberfelder System...23
   Berufliche Professionalisierung Sozialer Arbeit.....................25
   Bedeutungsverlust des Ehrenamtes..27
   Renaissance des Ehrenamtes..29

3. Der Wandel vom „alten" zum „neuen" Ehrenamt..................30

   Der Sozialstaat in der Krise..30
   Gesellschaftliche Veränderungen und ihre Auswirkungen
   auf das bürgerliche Engagement..34
   Das neue Ehrenamt..38
   Ehrenamt und Kosteneinsparungen.......................................43

4. Förderung des bürgerschaftlichen Engagements 48

Förderung durch den Staat 48
Förderung durch die Freie Wohlfahrtspflege 53
Förderung durch Freiwilligenagenturen 59

5. Die Engagement-Lotsen für Ehrenamtliche Niedersachsen 67

Der Qualifizierungslehrgang zum Lotsen 67
Richtlinie über die Gewährung von Zuwendungen zur
Förderung von Freiwilligenagenturen 68
Kompetenznachweis über ehrenamtliche Tätigkeit 70
Versicherungsschutz 70

6. Die ELFEN in Wunstorf 72

Das Vermittlungsbüro 72
Evaluation zur Erstellung des Freiwilligenprofils 77
Auswertung 78

7. Schlussbetrachtungen 89

Quellenverzeichnis 93

Einleitung

Im Sozialen Bereich erlebt man derzeit neben der professionellen Mitarbeiterschaft immer mehr ehrenamtlich Tätige. Dabei blieb das Ehrenamt bis in die sechziger Jahre unbeachtet von Staat, Gesellschaft und Wissenschaft. Mittlerweile ist die Förderung des bürgerschaftlichen Engagements ein viel diskutiertes Thema, das zunehmend in den Medien unter dem Namen ‚Neues Ehrenamt' an Bedeutung gewinnt. In diesem Buch wird auf die geschichtliche Entwicklung des Ehrenamtes eingegangen und dargelegt, warum es zu einem Wandel des Ehrenamtes gekommen ist.

Das Ehrenamt wird durch verschiedene Maßnahmen gefördert. Eine davon ist die Förderung von Freiwilligenagenturen, die am Beispiel der Engagement-Lotsen für Ehrenamtliche Niedersachsen (ELFEN) in Wunstorf beschrieben wird. Anhand einer Profilerstellung der Freiwilligen und der Institutionen wird dargestellt, wie sich das bürgerschaftliche Engagement in der Stadt Wunstorf gestaltet.

Im ersten Kapitel werden zunächst eine Begriffsbestimmung des Ehrenamtes vorgenommen und statistische Angaben dargelegt. Es folgt die geschichtliche Entwicklung des Ehrenamtes, um dann auf den Wandel, der sich vollzogen hat, einzugehen. Es wird nach dem momentanen sozialpolitischen Interesse am Ehrenamt und dessen Hintergründe gefragt. Im vierten Kapitel wird sich der Förderung des bürgerschaftlichen Engagements durch Politik und Staat, durch die

Wohlfahrtspflege sowie durch Freiwilligenagenturen zugewandt.

Im fünften Kapitel wird das Projekt der niedersächsischen Landesregierung „Engagement-Lotsen für Ehrenamtliche Niedersachsen (ELFEN)" vorgestellt. Wie solch ein Projekt in der Kommune realisiert werden kann, wird im sechsten Kapitel anhand der ELFEN in Wunstorf beschrieben. Es wird mithilfe einer Evaluation geklärt, wer diese Ehrenamtlichen sind, die sich in der Stadt Wunstorf engagieren und aufgrund welcher Motivation sie tätig sind.

Abschließen möchte ich die Einleitung mit den ersten Versen des augenzwinkernden Gedichts „Nur kein Ehrenamt" von Wilhelm Busch.

>Willst Du froh und glücklich leben
>lass kein Ehrenamt dir geben
>Willst Du nicht zu früh ins Grab
>lehne jedes Amt gleich ab
>Wie viel Mühen, Sorgen, Plagen
>wie viel Ärger musst Du tragen
>gibst viel Geld aus, opferst Zeit,
>und der Lohn? Undankbarkeit!

1. Bürgerschaftliches Engagement in Deutschland

Begriffsbestimmung

Bürgerliches Engagement oder Ehrenamt kann nicht in einem Satz dahin gehend erklärt oder definiert werden, dass es seinem Umfang gerecht wird. Es besteht aus den unterschiedlichsten Tätigkeitsfeldern und taucht in unterschiedlichen gesellschaftlichen Bereichen auf. Rauschenbach (1999) sieht das Problem der Definition vor allem in drei Bereichen „... einer begrifflichen Diffusität und subjektiven Unklarheit, einer theoretisch-kategorialen Unterkomplexität, sowie eines möglichen Strukturwandels des Phänomens Ehrenamts."[1]

In der Fachliteratur wird das soziale Ehrenamt wie folgt definiert:

> „Ehrenamtlich/freiwillig Tätige sind Bürgerinnen und Bürger, die sich, ohne durch verwandtschaftliche Beziehungen oder durch ein Amt dazu verpflichtet zu sein, unentgeltlich oder gegen eine geringfügige Entschädigung, die weit unterhalb der tariflichen Vergütung liegt, für soziale Aufgaben zur Verfügung stellen."[2]

> „Unter ehrenamtlichen Helfern werden Personen verstanden, die im Bereich der sozialen Arbeit in Verbindung mit einem öffentlichen sozialen Dienst oder einem Träger der freien Wohlfahrtspflege (Träger der sozialen Arbeit) freiwillig und unentgeltlich tätig werden."[3]

„Ehrenamtliche Mitarbeit ist freiwillige, nicht auf Entgelt ausgerichtete Tätigkeit im sozialen Bereich. Um ehrenamtliche, d. h. unentgeltliche Mitarbeit handelt es sich auch dann, wenn nur Aufwandsentschädigungen oder Auflagenersatz gewährt werden."[4]

Die Charakteristika der Definitionen ergeben, dass ehrenamtliche Arbeit auf freiwilliger Basis erfolgt. Es besteht also weder ein direkter staatlicher, noch ein indirekter familiärer Zwang. Die Tätigkeit ist unentgeltlich und aus einer ideellen Motivation begründet und erfolgt in einem institutionellen Rahmen sozialer Wirkungskreise.

Ich halte mich an Ausdrucksweisen, wie sie von den Autoren benutzt werden, wie z. B. Giesela Notz, die von „ehrenamtlicher sozialer Arbeit" redet, Meike Peglow schreibt über das „alte" und „neue" Ehrenamt und Hildegard Müller-Kohlenberg definiert die ehrenamtlichen Mitarbeiter als Laienhelfer oder Paraprofessionelle. Die Enquete Kommission hat sich für den Begriff „Bürgerschaftliches Engagement" als Oberbegriff entschieden. Dieser Begriff verbindet „traditionelle und neue Formen ehrenamtlicher Tätigkeiten in Vereinen, Verbänden und Kirchen, unterschiedliche Varianten der Eigenarbeit, der Selbsthilfe, der Wahrnehmung öffentlicher Funktionen sowie Formen der politischen Beteiligung und Mitbestimmung."[5]

Formen des bürgerschaftlichen Engagements

Kösters (2002) geht von sieben Engagementsformen aus, die von großer Bedeutung sind. Das Ehrenamt in der traditionellen Form war an feudale Strukturen der Gesellschaft gebunden und es wurde aufgrund der Ehre des Amts ausgeübt. Heute wird von Menschen im traditionellen Ehrenamt gesprochen, wenn sie in Vereinen eine ehrenamtliche Funktion ausüben, z. B. Trainertätigkeit, Vorstandstätigkeit oder andere Helferfunktionen. Eine andere Form des Engagements ist die Selbsthilfe, die in Selbsthilfegruppen organisiert ist. Grundlage hierfür ist Hilfe zur Lebensbewältigung. Die Bürgerinitiativen bemühen sich, Probleme, die der Staat aus verschiedensten Gründen nicht nachhaltig verfolgt, durch Nachdruck in Form von Interessenvertretungen (Anwohnerinitiative gegen Lärm oder Emission) einzufordern. Das Bürgerengagement im lokalen Zusammenhang bedeutet z. B. die ehrenamtliche Mandatsaufnahme in der Kommunalpolitik, um die lokale Gemeinschaft zusammen zu halten. Die Freiwilligenarbeit von Senioren, die ihre freie Zeit mit einer sinnvollen Aufgabe verbindet, gewinnt aufgrund der demografischen Entwicklung steigende Bedeutung. Menschen, die aus dem Arbeitsleben geschieden sind, können ihre Fähigkeiten weitergeben und in dem neuen Lebensabschnitt andere Eindrücke dazu gewinnen. Die Freiwilligendienste sind eine Form des bürgerschaftlichen Engagements, die immer mehr Zuwachs findet. Dazu gehört das Freiwillige Soziale Jahr, sowie das Freiwillige Ökologische Jahr. Deren Ziel ist, Jugendlichen in Verbindung mit freiwilligem Engagement berufliche Erfahrungen zu vermitteln. Eine weitere Form sieht Kösters in der Bürgerarbeit, die als

Versuch verstanden werden kann, arbeitslose Menschen wieder mit dem Arbeitsmarkt vertraut zu machen.[6]

Notz (1998) unterscheidet im bundesdeutschen Diskurs das politische und das soziale Ehrenamt. Das politische Ehrenamt ist in den Vorständen der Wohlfahrtsverbände, in Räten und Gremien beheimatet. Es wird überwiegend von Männern neben der Berufsarbeit ausgeübt. Das soziale Ehrenamt beinhaltet helfende Tätigkeiten bei Menschen, die sich nicht, noch nicht oder nicht mehr selbst helfen können. Dies sei eher eine unbezahlte Arbeit oder sozial ungeschützte Dienstleistung, die größtenteils von Frauen ausgeübt werde.[7]

Zahlen zum bürgerschaftlichen Engagement

Um zu sehen, ob sich das bürgerliche Engagement verändert hat, und auf welchem Niveau und gegenwärtigen Zustand es sich befindet, ist ein Rückblick auf die Entwicklung der letzten Jahrzehnte notwendig, nicht zuletzt, um Rückschlüsse auf die Zukunft des bürgerschaftlichen Engagements zu führen.

Man könnte meinen, wenn man Medienberichte verfolgt, dass bürgerschaftliches Engagement rückläufig sei, dass die Menschen egoistischer werden und dass das soziale Miteinander gefährdet sei. Bei genauerer Betrachtung lassen sich diese Vermutungen nicht bestätigen. Aus einer repräsentative Umfrage, die 2004 unter dem Titel „Freiwilliges Engagement in Deutschland" des zweiten Freiwilligensurveys veröffentlicht wurde, geht hervor, dass sich 36 Prozent aller Bürger und Bürgerinnen in ihrer Freizeit in Verbänden, Initiativen und Projekten engagieren. Ein weiteres Drittel ist aktiv ist einem Verein oder einer Gruppe tätig, ohne ehrenamtliche Aufgaben wahrzunehmen. Damit ist das freiwillige Engagement im Vergleich zur ersten Untersuchung des Freiwilligensurveys (1999) um 2% gestiegen.[8] Christine Bergmann, bis 2002 Bundesfamilienministerin, sagte, es seien 22 Millionen Menschen, die sich 2001 bürgerschaftlich in Deutschland engagierten.

Eine Befragung des Sozioökonomischen Panels, das seit 1985 regelmäßig Haushaltsbefragungen durchführt, kommt zu dem Ergebnis, dass sich 1992 27,6% der Menschen in Deutschland engagierten (bei 80 Millionen Einwohnern entspricht dies 22 Millionen bürgerschaftlich Engagierte). 1999 waren es 32,1 % Menschen in Deutschland (bei 82 Millionen Einwohnern entspricht dies 26 Millionen bürgerschaftlich Engagierte). Anhand der Untersuchungen lässt sich feststellen, dass tendenziell die Anzahl der Menschen, die sich bürgerschaftlich engagieren, nicht zurückgegangen ist. Gleichwohl ist es so, dass sich die Mitgliedschaften in den im DGB organisierten Gewerkschaften in den Jahren 1992-1998 um 29 Prozent verringert haben.[9] Die römisch-katholische Kirche verzeichnete von 2005 bis 2006 einen Rückgang der Mitglieder um 221.018. Die evangelische Landeskirche stellte in dieser Zeit einen Rückgang von 251.891 Mitgliedern fest.[10]

Festzuhalten ist, dass sich die Zahl der Menschen, die sich bürgerschaftlich engagieren, nicht gesunken ist, die Mitgliedschaften in Kirchen und Gewerkschaften aber gesunken sind. Es stellt sich nun die Frage, ob eine Krise in der Struktur der Verbände besteht, die mit bürgerschaftlich Engagierten zusammenarbeiten. Nörber (2001) bemerkt in seinen Untersuchungen, dass die Bereitschaft zu freiwilligem Engagement nicht nachlasse. Wenn von einer Krise gesprochen werden müsse, dann beträfe es die Struktur ehrenamtlicher Arbeit, wie sie von den Verbänden praktiziert werde. Für Nörber ist klar, dass ein Modell, wenn es geprägt wird von Ausbeutung, Ansprüchen von Selbstlosigkeit, Anforderung von absoluter Identifikation mit dem Verband, Bestimmung der Arbeit von oben, Alleingelassenwerden der Freiwilligen im Alltag, zeitlicher und inhaltlicher Überforderung, Arroganz von Hauptamtlichen und Experten, in einer Krise stecke.[11]

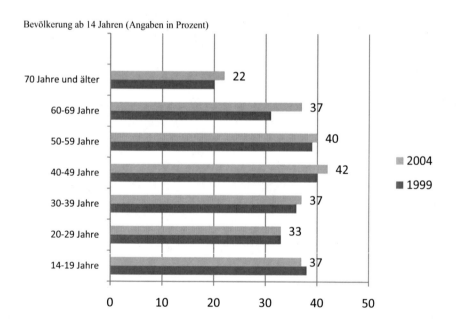

Abbildung 1: Freiwillig Engagierte nach Altersgruppen[12]

Werden, wie in oben stehender Grafik, die Altersgruppen von bürgerschaftlich Engagierten untersucht, lässt sich feststellen, dass in der Altersgruppe von 40-49 Jahren sich die Bürger am häufigsten engagieren. Die am stärksten wachsende Gruppe ist die der zwischen 60 und 69 jährigen Freiwilligen. Der Anteil der jungen Menschen zwischen 14 und 19 Jahren ist trotz hohen bürgerschaftlichen Engagements in der Statistik leicht rückläufig.

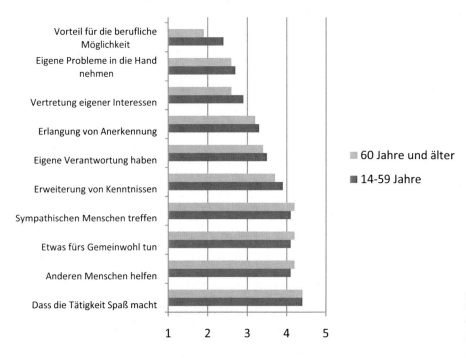

Abbildung 2: Erwartungen an die freiwillige Tätigkeit[13]

Die stärkste Erwartung an die freiwillige Tätigkeit ist, unabhängig vom Alter, dass das bürgerschaftliche Engagement Spaß machen soll. Das Motiv, anderen Menschen zu helfen, ist ebenfalls stark ausgeprägt. Es fällt auf, dass es bei den Untersechzigjährigen weniger stark ausgeprägt ist, als bei den Übersechzigjährigen. Die Frage, ob das bürgerliche Engagement für die berufliche Möglichkeit etwas nützt, wurde von den Befragten am unwichtigsten bewertet, bei den Übersechzigjährigen wurde sie unwichtiger bewertet als bei den Untersechzigjährigen.

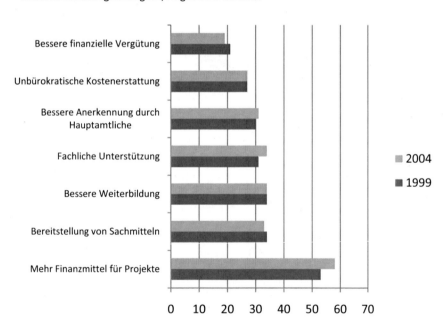

Abbildung 3: *Wünsche an die Organisationen bei den ab 60-jähringen*[14]

Nach dieser Statistik gibt es einen ausgeprägten Wunsch der Übersechzigjährigen, von den Organisationen mehr Finanzmittel für Projekte bei der ehrenamtlichen Ausübung zu bekommen. Der geringste Wunsch der Befragten war eine bessere finanzielle Vergütung. Es lässt sich aus dieser Statistik schließen, dass bürgerschaftlich engagierte Menschen nicht in allen dieser Punkte zufrieden sind und dass die Institutionen Bedingungen schaffen sollten, die diese Einschätzungen verbessern.

Das Bundesland Niedersachsen liegt beim bürgerlichen Engagement im bundesweiten Vergleich gemeinsam mit Bayern auf Platz 3. Demnach sind 2,4 Millionen Menschen in Niedersachsen bürgerschaftlich engagiert.[15] Das entspricht 37% Prozent der Bevölkerung über 14 Jahre. Es bedeutet einen Zuwachs von 6% in den letzten 5 Jahren.[16] In Niedersachsen ist das bürgerliche Engagement ebenfalls nicht zurückgegangen, sondern leicht gestiegen, es ist vergleichbar mit der bundesdeutschen Tendenz.

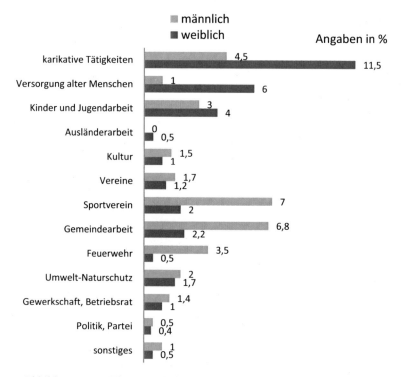

Abbildung 4: *Ehrenamtliches Engagement nach Bereichen und Geschlecht in Niedersachsen*[17]

Frauen und Männer favorisieren unterschiedliche Tätigkeitsfelder. Das Engagement von Frauen wird stärker sozial bestimmt, sie gehen eher helfenden Tätigkeiten nach. Männer dagegen bevorzugen Bereiche mit einer stärkeren Berufsrelevanz und höherem Prestige, sie gehen eher gesellschaftlich-gestalterischen Tätigkeiten nach (Gemeindearbeit/Kommunalpolitik oder Vereinsarbeit).

2. Die Geschichte des Ehrenamtes

Von der Antike zur Neuzeit

Menschen haben sich in allen historischen Epochen alleine oder organisiert für das allgemeine Wohl engagiert. Die Bürger in den Stadtgesellschaften der Antike beteiligten sich selbstverständlich und regelmäßig ohne Entlohnung bei Versammlungen und Angelegenheiten des Gemeinwesens. In der Antike Griechenlands hatte sich jeder männliche Bürger für das Gemeinwesen zu engagieren. Die Bürger hatten indessen auch Zeit, sich dem Gemeinwesen zu widmen, da die eigentliche Arbeit zum großen Teil von Sklaven und Frauen getan wurde. Eine weitere Wurzel des bürgerlichen Engagements findet sich in der christlichen Tradition in dem Gebot der Nächstenliebe. Viele Christen leiteten aus diesem Gebot die Pflicht ab, sich um Arme, Kranke und Alte zu kümmern, in dem sie Almosen sammelten oder auf andere Weise karikativ tätig waren.[18]

Im Mittelalter wurden Orden gegründet, um sich dort den Nöten der Armen und Kranken anzunehmen. Fürsten und Adelige bekleideten an weltlichen und kirchlichen Höfen, in Gilden und Bruderschaften Ämter, die ihnen Ehre einbrachten und Privilegien verschafften.[19] Ende des 14. Jahrhunderts veränderte sich die traditionelle Form der Armenpflege. Das Betteln war bis zu diesem Zeitpunkt eine legitime Form der Lebensbewältigung, doch zunehmend fand eine Ausgrenzung von Armut statt. Durch die Kommunalisierung wurde die

Zuständigkeit für das Bettelwesen zunehmend der weltlichen Obrigkeit übertragen. Durch die Bürokratisierung entstanden Institutionen, die für die Verwaltung und Ausgabe von Spenden verantwortlich waren. Weiterhin entstand eine Pädagogisierung, die im Programm der Armenfürsorge enthalten war und die mittelalterliche Vorstellung, arm zu sein sei gottgewollt, nicht teilte.[20]

Preußische Städteordnung

Im Jahr 1808 griff die Preußische Städteordnung den Gedanken der kommunalen Selbstverwaltung auf und schuf die Grundlagen des heutigen Kommunalrechts. Die Verfassung wurde von dem Reformpolitiker Freiherr von Stein entwickelt. Sie sah eine strikte Gewaltenteilung zwischen dem Kollektivorgan Magistrat (Bürgermeister, Beigeordnete, Verwaltung) und der Stadtverordnetenversammlung (gewählten Vertretern der Bürgerschaft) vor. Das erstarkende Bürgertum sollte in kommunalen Angelegenheiten mitbestimmen können und in den Obrigkeitsstaat integriert werden. Das Ehrenamt war ursprünglich administrativ, es war ein Amt im Sinne der Ausübung von öffentlicher Gewalt. Der Paragraph 191 der Preußischen Städteordnung legte fest, dass Bürger zur Übernahme öffentlicher Stadtämter verpflichtet werden können, ohne Entgelt zu beanspruchen. Das bürgerliche Engagement war geboren, auch wenn es sich zu Beginn um ein „verordnetes" Ehrenamt handelte. Buchholz (2006) schreibt, es sei eine Erfindung des preußischen Staates in Zeiten leerer Kassen.[21] Die Mitbestimmung genossen jedoch nur steuerzahlende, grundbesitzende und männliche Bürger mit tadellosem Ruf. Frauen hatten bis 1918 kein Wahlrecht und damit auch keine offizielle Möglichkeit zur Übernahme eines Ehrenamtes, sie waren auch nach 1918 beim Zugang zu Ehrenämtern benachteiligt.[22]

Entstehung des Vereinswesens

Sachße (2002) verweist auf die Entwicklung des Vereinswesens als weitere Wurzel des Ehrenamtes. Es entwickelte sich Mitte des 19. Jahrhunderts. In den Städten des Deutschen Reichs bestand neben der öffentlichen Fürsorge eine Vielzahl privater wohltätiger Einrichtungen, die eine Vielzahl verschiedener Klientel bediente. Die Organisationsform des Vereins gewann gegenüber den traditionellen Stiftungen an Bedeutung. Der Tätigkeitsbereich dieser Vereine war lokal begrenzt. Die Trennung zwischen wohltätigen Vereinen und der öffentlichen Wohltätigkeit war unscharf. Die Leitungsfunktionen der beiden Sektoren wurden in einer Personalunion getätigt, d. h., die Ämter wurden von einer Person ausgeübt. Das Frankfurter Modell versuchte, private Vereine in eine Kooperation mit dem städtischen Armenamt mit einzubeziehen. Dies gestaltete sich so, dass das Armenamt versuchte, Aufgaben an private Vereine zu delegieren und diese dafür subventionierte. Die städtischen Interessen wurden zur Geltung gebracht, indem Vertreter des Armenamtes in die Vorstände und Leitungsgremien der privaten Verbände entsandt wurden. Durch diese Koordination und Organisationsstruktur war dieses Konzept in Ansätzen ein Vorläufer öffentlicher und privater Wohlfahrtspflege nach dem

Prinzip der Subsidiarität. Die durch den Liberalismus forcierte Trennung von Öffentlichkeit und Privatsphäre begann sich aufzulösen. Der bürgerliche Verein wurde zum Bestandteil der „repolitisierten Sozialsphäre", ein von Jürgen Habermas geprägter Begriff, der aussagt, dass sich staatliche und gesellschaftliche Institutionen zu einem Funktionszusammenhang zusammenschließen und damit das Konzept einer Zivilgesellschaft charakterisieren.

Im späten 19. Jahrhundert formierte sich als sozialer Träger der bürgerlichen Vereinskultur das gebildete Bürgertum der Städte zu der „bürgerlichen Sozialreform", die sich in der kommunalen Sozialpolitik entfaltete. Doch diese bürgerliche Vereinskultur ging während des Ersten Weltkrieges, spätestens während der Weltwirtschaftskrise unter. In der Weimarer Republik wurden die Wohlfahrtsverbände gegründet, und damit bildete sich ein neuer Charakter zentralisierter Großbürokratie der Wohlfahrtspflege. [23] Ende des 19 Jahrhunderts gründeten sich Turn- und Musikvereine. Anfangs hatten sie für die Würdenträger die Funktion, sich durch ein spezifisches Reglement von der Mehrheit der Dorfbevölkerung abzusetzen. In der Weimarer Zeit erweiterte sich die Palette der Aktivitäten in Vereinen in breitem Maße und damit gewann die Möglichkeit einer ehrenamtlichen Betätigung an Bedeutung. Die ehrenamtlichen Tätigkeiten waren z.B. Führungspositionen in Vereinen; damit wurde das Ansehen in der Gemeinde, aber auch der Einfluss in der Kommunalpolitik gesteigert. Ein wichtiges Merkmal der Vereinsentwicklung nach dem zweiten Weltkrieg sei die Ausdifferenzierung, Angebotsausweitung und Spezialisierung der Interessen, so Stein (1988). Für die ehrenamtlich Tätigen in den Vereinen bedeutete die Differenzierung und Spezialisierung ab den sechziger Jahren eine Einarbeitung in spezielle Sachgebiete, des Weiteren eröffneten sich Qualifizierungs- und Fortbildungsangebote, die Ehrenamtliche begleiteten.[24]

Elberfelder System

In den fünfziger Jahren des 19. Jahrhunderts setzten sich zunehmend veränderte industriekapitalistische Wirtschafts- und Gesellschaftsformen durch. Der Beginn der Industrialisierung führte zur materiellen, physischen und psychischen Not der großstädtischen Arbeiterbevölkerung. Das bestehende Armenwesen war mit diesem Problem überfordert. Aufgrund der Industrialisierung und der daraus folgenden Unsicherheiten und zunehmender Armut bildeten sich Vereine, da die Hilfe der Kirchen und des Staates nicht ausreichten. Das Ehrenamt wurde nicht mehr so stark von der „Ehre" bestimmt, sondern war determiniert von der „Hilfe aus Nächstenliebe". Im Jahr 1853 wurde eine neue Armenordnung für die Stadt Elberfeld eingeführt, die bald das Elberfelder System genannt wurde. Damit entstand das Soziale Ehrenamt. Das System der Armenfürsorge war anfangs örtlich begrenzt und hatte einen großen Bezug zum Lokalprinzip. „Entscheidende Qualifikation für den Armenpfleger war seine Eigenschaft als Bürger und Nachbar, seine lokale Vertrautheit und Präsenz." [25] Das Elberfelder System diente als Vorbild für zahlreiche deutsche Städte. Es wurde als kommunale Angelegenheit aus öffentlichen Mitteln finanziert. Die Stadt Elberfeld wurde in mehr als hundert Bezirke aufgeteilt, in denen jeweils ein Bürger als ehrenamtlicher Armenpfleger eingesetzt wurde. Jeder stimmfähige Bürger aus dem Besitz- oder Bildungsbürgertums konnte zur Übernahme eines solchen Amtes verpflichtet werden.[26] Das Elberfelder System wurde durch vier Prinzipien gekennzeichnet: „Ehrenamtliche Durchführung von Aufgaben öffentlicher Verwaltung, Individualisierung der Unterstützungsleistungen, Dezentralisierung der Entscheidungskompetenzen in Form von Bestimmungen der Zuständigkeiten nach rein räumlichen Kriterien, sowie eine Begrenzung der Dauer der Hilfeleistungen." [27] Durch die konsequente Durchführung dieser Prinzipien ging die Zahl der Straßenbettlereien zurück. Doch vergrößerte sich das System zunehmend und durch die ansteigende Armut musste es zentral organisiert werden. Durch diese Entwicklung wurden immer mehr Arbeitskräfte benötigt. Die administrativen Aufgaben wurden von hauptamtlichen Mitarbeitern geleistet, die fürsorglichen Aufgaben übernahmen weiterhin die ehrenamtlichen Mitarbeiter. Die soziale Arbeit als Erwerbsarbeit bildete sich heraus, das Ehrenamt wurde durch diese Entwicklung ein Stück verdrängt.[28]

Berufliche Professionalisierung Sozialer Arbeit

Der Prozess der Professionalisierung Sozialer Arbeit hat in Deutschland in den 1890er Jahren begonnen. Mit der Entwicklung des Bürgertums im 19. Jahrhundert lösten Produktivität und Arbeit die Gemeinwohlorientierung allmählich ab. Ein moralischer und tugendhafter Mensch wurde nicht mehr über seine öffentliche, für das Gemeinwohl einstehende Tätigkeit definiert, sondern über seine ökonomische Tätigkeit. Der Besitzindividualismus besiedelte auch andere Lebenssphären, wie Politik, Familie oder Religion und verhinderte eine selbständige Kultur des Gemeinsinns.[29]

Die berufliche Sozialarbeit begann mit dem Auftreten sozialer Probleme im ausgehenden 19. Jahrhundert, die als Auswirkungen der Industrialisierung entstanden. So sind die Verstädterung und das Emanzipations- und Aufstiegsinteresse grundlegende Veränderungen, die bei einigen Menschen zu Verunsicherung und Resignation des traditionell geführten Lebens geführt haben. Ziel der beruflichen Sozialarbeit war, die unterschiedlichen Schichten mit sozialen Diensten und Leistungen in die bürgerliche Gesellschaft zu integrieren. Im ausgehenden 19. Jahrhundert war die Soziale Arbeit von der bürgerlichen Frauenbewegung und deren Emanzipationsbewegungen geprägt. Diese Bewegung ist stark mit dem Namen Alice Salomon verbunden. Die Frauen trugen ihr „mütterliches Wesen" auch außerhalb des familiären Umfelds zur Geltung und versuchten sich dadurch, von der traditionellen Rolle der Frau zu befreien. In diesem Zusammenhang versuchte die kommunale Sozialpolitik, sich von dem negativen Beigeschmack der Armenfürsorge zu lösen. Für die Soziale Arbeit wurden Fachkenntnisse und Kompetenzen vorausgesetzt. Diese qualifizierten Fürsorgebereiche, die sich aus der weiblichen Sozialarbeit entwickelt haben, unterschieden sich von der traditionellen, eher männlich dominierten ehrenamtlicher Fürsorge des Elberfelder Systems. Dieses Konzept leitete die Verberuflichung Sozialer Hilfe und damit die Entstehung der Sozialen Arbeit ein.

In der Weimarer Republik bekam die berufliche Sozialarbeit der Armenfürsorge unter dem Schlagwort „Bezirksfürsorge" einen großen Stellenwert. Auf Bezirksebene arbeiteten berufliche Fürsorgerinnen neben ehrenamtlichen Armenpflegern in der Armenbetreuung. Die beruflichen Fürsorgerinnen waren allerdings in der Minderheit. Im Jahr 1926 standen im Frankfurter Wohlfahrtsamt knapp 30 berufliche Bezirksfürsorgerinnen ungefähr 1900 ehrenamtlichen Bezirksarmenpflegern gegenüber. Bis zum Ende der Weimarer Republik nahm die Zahl der ehrenamtlichen Bezirksarmenpfleger noch zu.[30]

Bedeutungsverlust des Ehrenamtes

Während des Ersten Weltkrieges verarmten breite Teile des Mittelstandes, sodass diese sozialen Schichten, die vor dem Krieg ehrenamtlich tätig waren, in den Zugriffsbereich der Armenfürsorge fielen. In den Städten wurde eine gestufte Betreuung eingeführt. Die ehemaligen Mittelständler, die ehrenamtlich tätig gewesen waren und aufgrund des ersten Weltkrieges verarmt waren, wurden nun von professionellen Helfern betreut. Die hilfsbedürftigen Menschen aus den subproletarischen Armutspopulationen wurden von ehrenamtlichen Helfern betreut. Damit begann der Bedeutungsverlust des Ehrenamts.[31]

Die Nationalsozialistische Deutsche Volkswohlfahrt, die sich 1933 gegründet hatte, übernahm, bzw. kontrollierte die Aufgaben der bisherigen öffentlichen und freien Verbände. Die Soziale Arbeit stand unter dem Grundsatz der Rassenlehre. Viele der Verbände und Vereine wurden im Dritten Reich dem Staat und der Partei gleichgeschaltet, somit wurden viele Formen der ehrenamtlichen Tätigkeit zerstört.[32] Es bestand ein Zwang zur ehrenamtlichen Arbeit, der vor allem von Frauen geleistet werden musste; das Mütterlichkeitsprinzip wurde auf den Dienst des Volksganzen übertragen.[33]

Die berufliche Sozialarbeit hat bis in die fünfziger Jahre die ehrenamtliche öffentliche Fürsorge verdrängt. Diese Rückläufigkeit ist auch damit zu erklären, dass aufgrund des Wirtschaftswunders ein großer Bedarf an Arbeitskräften bestand. Dieser Bedarf wurde durch immer mehr Frauen abgedeckt, die sich dadurch bedingt dem sozialen Ehrenamt nicht mehr widmen konnten. Die wenige ehrenamtliche Arbeit wurde nur noch von Rentnerinnen, Fürsorgeempfängerinnen und Kriegswitwen übernommen und hatte die Funktion sozialer Partizipation. In den sechziger Jahren wurde die professionelle Sozialarbeit durch den Ausbau des sozialen Rechtsstaates und den damit verbundenen Rechtsansprüchen (z. B. Bundessozialhilfegesetz) forciert. Die Bildungsreform sorgte dafür, dass sich die Ausbildung der sozialen Berufe erweiterte und veränderte. In den siebziger Jahren stiegen immer mehr Frauen in das Erwerbsleben ein. Hinzu kam eine Dissonanz zwischen den hauptberuflichen Sozialarbeitern, die zum großen Teil aus der 1968er Studentenbewegung kamen und den Ehrenamtlichen, die sich oft missverstanden fühlten und das Engagement aufgaben.[34] In den achtziger Jahren konnte der Staat die Aufgaben, die er nach dem Zweiten Weltkrieg in den Bereichen Soziales, Kultur und Bildung übernommen hatte, nicht mehr leisten. Seit den 1990er Jahren tauchen Begriffe in den öffentlichen Diskussionen auf, wie Zivilgesellschaft, Bürgergesellschaft oder Bürgerschaftliches Engagement.

> „Die Ursachen dafür liegen einerseits in Krisen des herkömmlichen Systems wohlfahrtsstaatlicher Sicherung in Deutschland und - jenseits dessen - in tiefgreifenden Wandlungsprozessen, denen die bundesrepublikanische Gesellschaft insgesamt gegenwärtig unterliegt. In dieser Situation versprechen die Konzepte einer „Bürgergesellschaft" oder „Zivilgesellschaft" neue Perspektiven gesellschaftlicher Gestaltung, die den aktuellen Krisen und Verwerfungen Rechnung tragen sollen."[35]

Renaissance des Ehrenamtes

Die ehrenamtliche Arbeit wurde erst wieder in den 1970er Jahren öffentlich von der Wissenschaft und der Politik thematisiert und diskutiert. Durch die Wirtschaftskrise, die 1973 mit der ersten Ölkrise ihren Anfang nahm und Erscheinungen wie Kurzarbeit, Arbeitslosigkeit und steigende Sozialausgaben mit sich brachte, ergab sich auch eine Krise in der sozialen Arbeit. Die Wirksamkeit und Finanzierbarkeit sozialer Dienste wurde in Frage gestellt.[36] Das Ehrenamt geriet zum Nothelfer einer eingeschränkten Sozialpolitik, die an fehlenden finanziellen Mitteln krankte. Es gründeten sich Bürgerinitiativen und Selbsthilfeprojekten in der Friedens-, Trauer- und Umweltpolitik, die sich kritisch gegenüber staatlichem Handeln positionierten. Die Politiker erhofften sich vom Ehrenamt, dass Ende der 1970er Jahre vom Phänomen „Selbsthilfe" geprägt war, Kosteneinsparungen in der Sozialpolitik, aber auch mehr Menschlichkeit, die bei der Ausweitung des Sozialstaates verloren gegangen sein soll.

Die professionellen Mitarbeiter der sozialen Arbeit erwarteten einerseits Unterstützung und Anregung von den Ehrenamtlichen, andererseits hatten sie Angst vor einer „ehrenamtlichen Konkurrenz" in einer Zeit knapper Stellen. Durch den Sozialstaat, der sich nach dem Zweiten Weltkrieg entwickelt hatte, und nun seinem Anspruch nicht mehr vollständig genügen konnte, entstand eine Unsicherheit, gerade im Kontext der Ehrenamtlichkeit, der wieder eine größere Bedeutung erlangte und sich entwickelte und neu definierte.[37]

3. Der Wandel vom „alten" zum „neuen" Ehrenamt

Der Sozialstaat in der Krise

Der deutsche Sozialstaat ist mit der „Sozialen Marktwirtschaft" und dem damit verbundenen „System der Sozialversicherung" in der Krise. Dies ist Konsens in der gegenwärtigen öffentlichen Diskussion. Es besteht weitgehend Einigkeit über den unmittelbaren Zusammenhang dieser Krise mit einer Krise der Wirtschaft. Die hohe Erwerbslosigkeit wird als ein gravierendes Problem unserer Zeit gesehen. Bedrückend ist die hohe Zahl der jugendlichen Erwerbslosen, sowie die steigende Zahl der Langzeitarbeitslosen. Die Arbeitslosenquote in den letzten zehn Jahren ist zwar von 11,1% (1998) über eine Spitze von 11,7% (2005) auf 7,8% (2008) gesunken, dennoch wird regelmäßig über mehr Eigenverantwortung der Bürger im Sozialversicherungssystem nachgedacht. [38] „Eine hohe Arbeitslosenquote und ein hoher Rentneranteil an der Gesellschaft entsprechen einer niedrigen Erwerbsquote. Sollte es dabei bleiben, könnte der Sozialstaat in ernste Gefahr geraten."[39]

Nach Artikel 20 und 28 des Deutschen Grundgesetzes ist es Aufgabe staatlicher Sozialpolitik, eine möglichst große soziale Sicherheit und Chancengleichheit zu gewährleisten. Der Staat hat durch das Sozialstaatsprinzip eine aktive Rolle bei der Herstellung von sozialer Gerechtigkeit. Durch die strukturelle Krise der Erwerbsarbeit, die Mitte der 70er Jahre begann und trotz konjunktureller Aufschwünge bis heute nicht sonderlich behoben werden konnte, gibt es immer weniger Erwerbstätige, die Beiträge in die Sozialversicherungen einzahlen. Weiterhin nimmt die Zahl der nicht sozialpflichtigen Arbeitsplätze zu.[40] Trotz der strukturellen Veränderungen und trotz der Überalterung der Gesellschaft wird der Wohlfahrtsstaat von vielen Menschen für selbstverständlich gehalten. Doch muss die Massenarbeitslosigkeit, die besonders in Ostdeutschland vorherrscht, behoben werden, sonst besteht die Gefahr, dass sich die Bürger von den demokratischen Volksparteien abwenden. Populistische Politiker, die in dieser Stimmung zusätzliche Sozialleistungen versprechen, gefährden dagegen den Sozialstaat Deutschland. Schmidt (2008) fordert, der Abbau der hohen Massenarbeitslosigkeit müsse an erster Stelle stehen, bevor andere Korrekturen, wie z. B. mehr Teilzeitarbeit oder ein späteres Renteneintrittsalter, propagiert werden. Ein wichtiger Schritt zur Schaffung neuer Arbeitsplätze sei mit der Agenda 2010 getan, gleichwohl seien dort noch viele Korrekturen nötig. Er stellt weiter fest, dass die Ausgaben des Sozialhaushalts von den sechziger Jahren des zwanzigsten Jahrhunderts bis heute stetig gestiegen sind, wodurch die Gesellschaft eine steigende Belastung der Steuern und Sozialversicherungsbeiträge erfahren musste.[41]

Roth (1995) legt die Gründe für die Probleme des Sozialstaates dar. Sie ergeben sich aus wachsenden sozialen Problemen (Dauerarbeitslosigkeit, Verarmung), der kommunalen Finanzmisere angesichts gestiegener Kosten sozialer Dienste, sowie demografischen und soziolstrukturellen Veränderungen. Die Finanzlage der Kommunen zeige eine „Scherenbewegung zwischen dem steigenden Bedarf an sozialen Hilfen einerseits und seiner Finanzierbarkeit durch die öffentliche Hand bzw. die Sozialversicherungsträger andererseits."[42] Aufgrund dieser Entwicklung wird regelmäßig über finanzielle Beteiligungen der Nutznießer der Sozialversicherungen debattiert. Daraus resultiert eine ständig größer werdende Ungleichverteilung von Einkommen und Erwerbsarbeit und damit soziale Mangelerscheinungen. Es wird auf den Missbrauch oder den fahrlässigen Verbrauch der Sozialleistungen hingewiesen, oft auch populistisch, um von dem dringendsten Problem, welches wirtschaftspolitisch sehr schwer zu lösen ist, abzulenken. Unserer Gesellschaft geht die Arbeit aus. Viele Menschen definieren sich über Erwerbsarbeit. Es kann von einer Krise in der Arbeitsgesellschaft gesprochen werden. Nicht weil es nicht genug zu tun gäbe, sondern weil unter Arbeit vorwiegend industrielle Arbeit verstanden wird.[43] „Die entscheidende Frage lautet also nicht, ob es genügend Erwerbsarbeit gibt, sondern, ob es genügend existenzsichernde Arbeit gibt und wie sie verteilt und bewertet wird."[44]

Im Wahlkampfjahr 2002 war von einer drastischen Reduzierung der Arbeitslosenzahlen die Rede, und doch spricht keine Partei mehr vom Ziel der Vollbeschäftigung. Infolgedessen erwacht das politische Interesse zu Alternativen, zu denen Familienarbeit ebenso zählt wie Selbsthilfe, Ehrenamt und bürgerschaftliches Engagement. Tätigkeitsformen jenseits der Erwerbsarbeit müssen aufgewertet werden. Eine Ausweitung ehrenamtlicher Tätigkeiten führe, so Aner (2003), nicht zu einem Rückgang der Erwerbstätigen, auch nicht in den klassischen Bereichen (z. B. Gesundheits- und Sozialbereich).[45]

In diesem Zusammenhang stellt Hradil (1996) fest, es würden neue Aufgaben bevorstehen, die von herkömmlichen Organisationen und professionellen Erwerbstätigen nicht gelöst werden können, da nicht genügend Geld dafür vorhanden sei. So seien wichtige, künftig wachsende Aufgabenbereiche die Betreuung von Kindern, Hilfe und Pflege für ältere Menschen und Sozialarbeit für Rand- und Problemgruppen. Die Zahl der Erwerbspersonen wird stark sinken, die Bevölkerung wird älter. Daraus ergebe sich ein Arbeitskräftemangel, eine Alterung der Erwerbstätigen, drückende Soziallasten und die stärker werdende Notwendigkeit der Hilfe und Pflege älterer Menschen. Eine Arbeitszeitverlängerung und Produktionssteigerungen können das Problem des Arbeitskräftemangels und der Soziallasten etwas lindern (des Weiteren können die Soziallasten durch Beitragserhöhungen der Sozialversicherung und eine Sozialleistungsminderung gelindert werden).[46]

In der Dienstleistungsgesellschaft, in der wir uns seit über zwanzig Jahren befinden, wird die industrielle Arbeit weiter sinken. Das produzierende Gewerbe erwirtschaftet weniger als 30% der gesamten statistisch erfassten Wertschöpfung, rund 70% erwachsen aus Dienstleistungen. Diese Verlagerung ist vornehmlich Konsequenz des wachsenden Wohlstands. Die Schlussfolgerung daraus sollte sein, den Dienstleistungssektor zu fördern. [47] Notz (1998a) argumentiert, der Dienstleistungsbereich könne die Schrumpfungen im Produktionsbereich nicht abfangen, weil dort ebenfalls rationalisiert werde. Um die steigende Erwerbslosigkeit weiter zu senken, halten viele Politiker noch weitere Einschnitte in der sozialen Sicherung für erforderlich. Zugleich hoffen sie auf das sogenannte „neue Ehrenamt" und fördern es durch vielfältige Maßnahmen, auf die ich im Kapitel 4 eingehen werde.[48]

Gesellschaftliche Veränderungen und ihre Auswirkungen auf das bürgerliche Engagement

Auf die Orientierungsprobleme in unserer Gesellschaft, „die aus der Hyperkomplexität moderner Lebensverhältnisse resultieren", wies bereits früh der Philosoph Hermann Lübbe hin. Nach dessen These werde die Bedeutung von Erfahrung geringer. Der gegenwärtige Moment werde immer kürzer, die Sinnsuche drängender. Daraus resultiere, dass die „Komplexität von immer mehr anstehenden lösungsbedürftigen Sachfragen" so groß sei, dass sich „die mannigfachen Entscheidungen, die sich anbieten, nach Nutzen und Nachteil nicht mehr einvernehmlich feststellen lassen, jedenfalls nicht in verfügbarer Zeit."[49]

Ulrich Beck (1986) stellte fest, dass in der heutigen „Risikogesellschaft" die Risiken im Vordergrund stehen und nicht die Chancen. Die Quelle der Gefahren sei nicht, wie in vorherigen Gesellschaften das „Nichtwissen", sondern das „Wissen". Risiken werden zum Motor der Selbstpolitisierung der industriegesellschaftlichen Moderne. In diesem eingeschätzten Systemwandel führt es unter anderem zu einer Entgrenzung von Politik.[50]

> „Einerseits schränken durchgesetzte und wahrgenommene Rechte die Handlungsspielräume im politischen System ein und lassen außerhalb des politischen Systems Ansprüche

auf politische Partizipation in den Formen einer *neuen politischen Kultur* (Bürgerinitiativen, soziale Bewegungen) entstehen. Der Verlust an staatlicher Gestaltungs- und Durchsetzungsmacht ist in diesem Sinne nicht etwa Ausdruck eines politischen Versagens, sondern Produkt *durchgesetzter* Demokratie und Sozialstaatlichkeit, in der sich die Bürger zur Wahrung ihrer Interessen und Rechte aller Medien der öffentlichen und gerichtlichen Kontrolle und Mitsprache zu bedienen wissen."[51]

Die Angst in der unsicheren, globalisierten Welt nimmt zu. Aufgrund der Komplexität von Sachverhalten wird es erheblich schwieriger, sich aufgrund vorhandenen Wissens zu entscheiden; man wird häufiger gezwungen sein, sich intuitiv zu entscheiden. In welchem Zusammenhang stehen die gesellschaftlichen Veränderungen zu der Bereitschaft, sich bürgerschaftlich zu engagieren? Ist es vielleicht sogar die Ungewissheit, die dazu führt, dass sich Menschen verstärkt zu Organisationen und Gruppierungen hingezogen fühlen, um dadurch Orientierung und ein Gefühl von Sinn und Geborgenheit zu bekommen? Wäre das Engagement also sogar eine Therapie gegen gesellschaftliche Entsolidarisierung und Individualisierung?

Traditionelle Orientierungen und Pflichtethiken für ein lebenslanges freiwilliges soziales Engagement lassen immer mehr nach und mit dieser Entwicklung verliert das klassische Ehrenamt an Bedeutung. Freiwilliges soziales Engagement wird immer notwendiger, andererseits werden die gesellschaftlichen Ressourcen immer knapper. Pflichtwerte und Sinnvermittlung haben einen geringen Stellenwert bekommen. Positiv zu vermerken ist die Suche nach neuen sozialen Beziehungen, die Aufwertung sozialer Netzwerke und das

Selbsthilfepotential, das im Alter entwickelt wird. Solidarität ersetzte die Zwangsbindung.[52] Wessels (1994) stellt fest, dass eher konservative Publizisten und Politiker in Anlehnung an den Wertewandel ein individualistisches und egoistisches Bild der Jugend zeichnen, das sich durch Hedonismus auszeichnet. Aber solidarisches Handeln ist „auch in einer individualisierten Gesellschaft zu finden, nur haben sich Form und Inhalt geändert."[53]

Die Enquete- Kommission (2002) versteht unter Individualisierung eine Freisetzung traditioneller Bindungen. Daraus resultiere eine Veränderung der Einstellungen. Bindungen und Verpflichtungen an Familie oder Bürgerschaft seien nicht mehr selbstverständlich, sondern müssen wiederhergestellt werden. Die Menschen leben unabhängiger als früher. Soziale und regionale Herkunft, sowie geschlechtsspezifische und familiäre Rollen haben eine geringere Bedeutung bekommen, die Menschen leben heute unabhängiger von traditionellen Bindungen als früher. Menschen, die sich in der heutigen Zeit engagieren, wollen ihr Arbeitsfeld selbst gestalten und lehnen ausgeprägte Hierarchien und hohe Reglungsdichten ab.[54] Hradil (1996) stellt die Frage, ob in einer modernen Lebensweise eine soziale Mitwirkung stattfinden kann. Sie sei durch die Pluralisierung der Lebensformen (die „normale" Familie verliert zugunsten kinderloser Paare oder Singles an Bedeutung), durch die Ausdifferenzierung der Lebensphasen (die Lebensläufe werden immer weniger von den klassischen Phasen bestimmt, sondern werden ständig neu verhandelt), durch den Wertewandel (Selbstverwirklichung anstatt Pflichtbewusstsein), durch die

Pluralisierung des sozialen Milieus (schichtspezifische Kulturen gliedern sich in verschiedene soziale Milieus), durch die multikulturelle Einwanderungsgesellschaft (fehlende Solidarität zwischen den ethnischen Gruppen) und schließlich durch die Pluralisierung der Lebensstile (Individualisierung) gefährdet.[55]

Hachet und Mutz (2002) bemerken, dass diese Entwicklung dazu geführt hat, dass sich das bürgerschaftliche Engagement ebenfalls pluralisiert. Die Menschen engagieren sich nicht mehr nur für einen Verein oder Verband, das Engagement verlagert sich tendenziell zu neuen Formen der Selbstorganisation. Es ist weniger mit langfristigen Verpflichtungen verbunden, sondern mit Initiativen, die überschaubar in ihren Verpflichtungen bleiben und kurzfristig beendet werden können. Die Bereitschaft, sich dauerhaft und kontinuierlich zu engagieren, ist geringer geworden, insbesondere wenn es sich um Tätigkeiten handelt, die ein Eintreten für übergeordnete, der Allgemeinheit dienende Ziele bedeutet. Doch die Bereitschaft für ein bürgerschaftliches Engagement ist deutlich gestiegen, befindet es sich in primär informellen Strukturen, möglichst ohne Rechtsform mit egoistischen, interessenorientierten partikularistischen Komponenten.[56]

Das neue Ehrenamt

Walter Bender hat im Rahmen eines Forschungsobjekts für das Erzbistum Bamberg einige Merkmale dargelegt, die für das neue Ehrenamt entscheidend sind.

- Eine selbst gewählte, sinnvolle Aufgabe
- Vom „Hilfsdiener" zum gleichwertigen „eigennützigen" Engagement
- Vom Dienst am anderen zum „eigennützigen" Engagement
- Vom einsamen Samariterdienst zum sozialen Erlebnis
- Von der einfachen zur anspruchsvollen, qualifizierten Tätigkeit
- Vom ausführenden Hilfsorgan zum gestaltenden Ehrenamt
- Von der Verbandsaufgabe zur biographischen Passung
- Von der Dauerverpflichtung zum zeitbegrenzten Projekt[57]

Eine Zusammenfassung der Gründe für den Strukturwandel des Ehrenamtes liefert Notz (1998):

- „Zunehmende Individualisierung
- Ein Wertewandel, der in Richtung ‚hedonistische Moral' tendiert
- Ein Bedeutungsverlust traditioneller Gemeinschaften wie Familie, Nachbarschaft, Kirchengemeinde, Verbände und Vereine und damit einhergehend
- Ein Zerfall gewachsener sozialer Netzwerke"[58]

Im Zuge des Strukturwandels wird auch der Ruf nach Anerkennung laut, nicht nur in ideeller Form, sondern auch in finanzieller und persönlichkeitsbildender Form. Große Bedeutung bekam Weiterbildung, Fahrkostenerstattung, Versicherung, Steuerabsetzbarkeit sowie eine umfassende Anleitung.[59] Bürgerarbeit soll nicht entlohnt, sondern belohnt werden, und zwar immateriell durch „Favour Credits", wie z. B. kostenfreie Kindergartenplätze. Als fehlende Rechtfertigung für die fehlende Entlohnung stehe die öffentliche Würdigung, die in unserer Gesellschaft einen besonderen Stellenwert habe. Zudem trage die freiwillige Tätigkeit zum Erwerb von Qualifikationen bei, sowie zur Selbstbildung. Dies unterstreiche ihre scheinbare Unbezahlbarkeit. Auch könne Bürgerarbeit Punkte im Numerus Clausus Verfahren um Studienplätze liefern und bei Rückzahlungsverpflichtungen des BAföG- Darlehens Berücksichtigung finden.[60]

Die Veränderung der Struktur des Ehrenamtes macht sich auch bei den großen Wohlfahrtsverbänden und deren Organisationsstruktur bemerkbar. Stein (1988) merkt an, es sei zu beobachten, dass freie Träger allmählich ein Bewusstsein für die neuen Probleme entdeckten und neue Strukturen entwickelten. Es ergebe sich eine neue Form der Koordination und Kooperation unter den Trägern und damit Ansätze einer neuen Form der Subsidiarität. Ein weiteres Interesse der freien Träger war eine Ausweitung in neue Felder der sozialen Arbeit, um sich neue Finanzierungsmöglichkeiten zu versprechen, z.B. ambulante Hilfen in der institutionellen Nachbarschaftshilfe und Altenhilfe. In diesen Bereichen vermittelten die freien

Träger ehrenamtliche Mitarbeiter.[61] Rauschenbach (2000) erhebt die These, dass sich nicht das Ehrenamt, sondern die Gesellschaft verändert habe. Nicht die Motive der Menschen haben sich verändert, sondern die Strukturen und Rahmenbedingungen. Als Beispiel nennt Rauschenbach den Wandel der Wohlfahrtsverbände. Sie seien angetreten als ehrenamtliche Organisationen. Heute seien die Wohlfahrtsverbände als Gesamtkomplex ein großer Wirtschaftszweig, in dem im Gesamtgefüge der Wohlfahrtspflege rund 1,2 Millionen Menschen erwerbstätig sind. Dies sei ein fundamentaler Wandel allein in den Reihen der Wohlfahrtsverbände. Ein weiterer Punkt sei die hohe Zahl Frauen, die sich im sozialen Beruf qualifizieren und nun die Tätigkeit, die sie vor fünfzig Jahren ehrenamtlich ausgeübt hatten, professionell ausüben.[62]

Die Enquete- Kommission (2002) spricht davon, dass sich durch den Strukturwandel auch in Verbänden und Vereinen neue Formen entwickeln, die den Bedürfnissen der freiwillig Tätigen entsprechen.[63] Auf der anderen Seite ist ein großes Interesse der Politik entstanden, dem „neuen Ehrenamt" gerecht zu werden und es zu fördern. Kennzeichnend für den Strukturwandel sind auch die Freiwilligenagenturen, die auf das individualisierte Engagement reagieren. Auf deren Bedeutung gehe ich im vierten Kapitel genauer ein.

Das „alte Ehrenamt" ist durch gesellschaftliche Zentralwerte, wie christliche Nächstenliebe legitimiert. Es ist in der Arbeitswirklichkeit fest integriert und unterliegt normalerweise Weisung professioneller Mitarbeiter. Dem gegenüber ist das „neue Ehrenamt" eher durch geringe Organisationsformen und einen hohen Grad von Selbstbestimmtheit gekennzeichnet. Es entwickelt sich eher in überschaubaren Lebenszusammenhängen. Das Interesse an der Bewältigung und Überwindung eigener Problemsituationen und politischem Veränderungswillen geht eine neue Verbindung ein. Daraus resultiert, dass die Grenze zwischen Selbsthilfe und bestimmten Arten des „neuen Ehrenamtes" schwer zu ziehen ist. Der Strukturwandel hat zu Veränderungen in der Wahrnehmung dessen geführt. Eine Folge dieser Entwicklung ist, dass die Aktivitäten in dem traditionell strukturierten Bereich, der häufig religiös motiviert und durch eine altruistisch- karikative Grundhaltung geprägt war, rückgängig ist. Das „neue Ehrenamt" hingegen hat sich individualisiert, Menschen nehmen mehr Möglichkeiten wahr, entscheiden sich bewusst für bestimmte Möglichkeiten des Engagements. Die Grundeinstellung ist nun, gesellschaftlich nützlich zu sein und währenddessen etwas für sich zu tun.[64]

Gab es im Zuge des Strukturwandels der Engagementsformen einen Wandel der Motivation, ein Ehrenamt anzunehmen? Motive, wie etwa „Spaß haben" zählen zu den häufigsten Antworten jüngerer Befragungen, geht es um die Motivation des bürgerschaftlichen Engagements. Das Motiv Spaß hat einen hohen Stellenwert bekommen, Pflichtgefühl ist nicht mehr das Hauptmotiv bürgerschaftlichen Engagements. Doch Begriffe wie „Spaßgesellschaft" haben eher einen abwertenden Beigeschmack, doch der Wertewandel ist nicht unbedingt ein Werteverfall, sondern eine individuelle Überlegung, fernab von pflichtbewussten Motiven, die Freizeit mit anderen Menschen zu gestalten. Spaß ist nicht einfach eine hedonistische Unverbindlichkeit und die Erwartung schnelllebigen Vergnügens. Spaß kann auch als Oberbegriff für Zufriedenheit und innerer Erfüllung bei der Bewältigung einer Aufgabe zu verstehen sein. Motivation im Zusammenhang der Ehrenamtlichkeit ist nicht statisch zu betrachten, vielmehr entsteht eine Dynamik zwischen Motiven, die den Anstoß für das Ehrenamt gegeben haben und denen, die sich während der Tätigkeit verändert haben oder dazugekommen sind. Es gibt folglich nicht nur ein handlungsleitendes Motiv, wie z. B. „Spaß haben", sondern das Zusammenspiel mehrerer Motive. So wird zwischen altruistischen, instrumentellen, moralisch-obligatorischen und gestalterischen Motiven unterschieden. Es ist, wie bei den Engagementsformen, von einer Pluralisierung von Motiven auszugehen. Die Einschätzung des Motivwandels erscheint zunächst sinnvoll, auch unter dem Aspekt des Wertewandels und der Individualisierung. Gleichwohl gibt es keine älteren Studien, die Aufschluss darüber geben, welche Rolle Selbstentfaltungswerte wie „Spaß haben" in früheren Jahren gehabt haben. Damit fehlt der empirische Beleg und die Entwicklung lässt sich nur vermuten. Dennoch haben sich die Perspektiven der Sozialforscher geändert, die in den fünfziger Jahren wohl nicht nach dem Spaß beim Ehrenamt gefragt hätten.[65]

Heinze und Strünck (1999) stellen fest, dass mit dem „neuen Ehrenamt" auch Probleme auftreten, so bleibt zu fragen, was mit den anstrengenden und dauerhaften Formen des „alten Ehrenamts" geschehen soll, die von den „neuen Ehrenamtlichen" nicht mehr übernommen werden. Gerade in sozialen Brennpunkten seien die Voraussetzungen für ehrenamtliches Engagement sehr schlecht, aber gerade dort wird verstärkt Hilfe benötigt.[66]

Ehrenamt und Kosteneinsparungen

In Zeiten knapper Kassen und Krisen der Erwerbsarbeit nahmen die Bemühungen, das Ehrenamt zu fördern, wieder zu. Es wurde die Enquete- Kommission beauftragt, Untersuchungen über das Ehrenamt anzustellen und es wurde 2001 das Jahr des Ehrenamtes ausgesprochen. Es besteht die Befürchtung, dass das Ehrenamt Leistungen erbringen soll, die dann nicht mehr von der öffentlichen Hand finanziert werden müssen. In diesem Unterpunkt wird der Frage nachgegangen, ob durch den Einsatz von Ehrenamtlichen Kosten eingespart werden können oder ob der Bedarf an sozialen Leistungen nur durch professionelle Kräfte gedeckt werden kann.

Da hauptberufliche und ehrenamtliche Mitarbeiter im sozialen Bereich häufig miteinander arbeiten, muss auf die unterschiedliche Kompetenz beider Helfergruppen eingegangen werden. Unter Berücksichtigung dieses Aspektes verläuft die Zusammenarbeit nicht immer konfliktfrei. Müller-Kohlenberg, Kardoff und Kraimer (1994) benennen das Spannungsverhältnis zwischen Fachlichkeit und Laienkompetenz als ausschlaggebenden Grund für den noch nicht optimalen Umgang mit dem „neuen Ehrenamt" und den daraus folgenden neuen Ansprüchen an die Betreuung der Klienten, sowie die Erarbeitung neuer Aufgabenfelder der sozialen Arbeit. Es bestehe eine unklare Aufgabenverteilung und Haltung der Institutionen gegenüber den Helferformen. Es könne zu einer Statusunsicherheit und Rollendiffusität in der sozialen Arbeit kommen, die zu einer verstärkten Abgrenzung beider Seiten führe. Dadurch bedingt bestehe die Möglichkeit, dass ehrenamtlich Tätige als Konkurrenz für die eigene Berufsrolle gesehen werden. Als typische Probleme der Berufsausübung kann eine ‚berufstypische' Abwehr des Ehrenamtes, eine ‚berufstypische' Statusunsicherheit sowie eine ‚berufsunsichere' Klientifizierung Ehrenamtlicher festgestellt werden.

Eine weitere Differenzierung zwischen Laien und Professionellen einerseits und Ehren- und Hauptamt andererseits ist notwendig, da nicht alle ausgebildeten Kräfte einen Arbeitsplatz bekommen und aus diesem Grund teilweise ehrenamtlich tätig werden. Mit dieser Entwicklung hat die ehrenamtliche Arbeit nun auch professionelle Ansprüche, die nicht bezahlt werden. Die Laien unter den Ehrenamtlichen werden marginalisiert, sie werden aufgrund mangelnder Fähigkeiten zur Distanzierung, zur Reflexion des eigenen Handelns an den Rand gedrängt. Dadurch bekommt der ehrenamtlich tätige Laie, der vor allem aus seiner Alltagserfahrung und Alltagskompetenz handelt, weniger Beachtung.[67]

„Immerhin ist in einigen Fällen der bedeutsame Unterschied zwischen beiden Gruppen die fehlende Bezahlung bei den ehrenamtlich Tätigen. Hier droht nun die Gefahr, dass die qualifizierte ehrenamtliche Arbeit als kostensparende Alternative zur professionellen Sozialarbeit eingesetzt wird."[68]

Doch wird auch auf die Kompetenz der Laien hingewiesen. So seien ehrenamtliche Helfer flexibler als berufliche Helfer, da sie nicht so stark an administrative Vorgaben gebunden sind. Sie beziehen einen immateriellen Wert aus der Hilfebeziehung, den sie mit Spaß und Freude beschreiben. Des Weiteren entstehe eine engere Beziehung, die aber die Gefahr birgt, die Eigenständigkeit des Klienten nicht genügend zu erhalten, was zu einem Abhängigkeitsverhältnis führen könne.[69]

Der paraprofessionelle Therapeut, der neben dem professionellen tätig ist, hat die Möglichkeit, nur wenige oder nur einen Klienten zu betreuen. Er kann es sich leisten, ein Freundschaftsverhältnis einzugehen und er muss sich im Umgang mit dem Klienten nicht verausgaben; er kann von der sozialen Bereicherung profitieren. Was die Vergleichbarkeit zwischen Laien und Professionellen betrifft, äußert sich Müller-Kohlenberg (1988) zur Effektivität der Laien, sie würden zum großen Teil ebenso gut arbeiten wie professionell ausgebildete Sozialarbeiter.[70] Generell kann festgestellt werden, dass in bestimmten Bereichen die ehrenamtliche Arbeit effektiver sein kann, sie aber in anderen Bereichen aufgrund der fehlenden Distanz scheitern kann; so z. B. in Bereichen, in denen man sich primär nicht von seinen Gefühlen leiten lassen sollte, sondern nach einem vorgeschriebenen Konzept handeln muss oder in Bereichen der Suchterkrankung, in denen eine Koabhängigkeit möglich ist. Es bestehen demnach unterschiedliche Kompetenzen und unterschiedliche Motive. Die Kompetenzen der Laientätigkeit können sich nur entfalten, wenn die Motive der Ehrenamtlichen auf ihre individuellen Ressourcen beobachtet werden. Dies ist eine wichtige Voraussetzung dafür, dass die Laien freiwillig und selbstbestimmt tätig werden können. Das Wesentliche an der sozialen Arbeit besteht aber aus sozialarbeiterischen Methoden, die im Studium und in der Weiterbildung erlernt werden und die Qualität im Umgang mit den Klienten sichert, die von Laien nicht geleistet werden können.[71]

Der Einsatz von Ehrenamtlichen ermöglicht zusätzliche Dienstangebote oder lässt eine kostengünstigere Bereitstellung von Hilfen zu. Müller-Kohlenberg et al. (1994) weisen darauf hin, dass aktive Arbeit mit Ehrenamtlichen nicht kostenneutral sei, weder personell, noch finanziell[72]. Bendele (1988) meint, eine Ausnutzung des Ehrenamtes als billiger Lückenbüßer würde aufgrund der Motive des „neuen Ehrenamtes" nicht gelingen, es ließe einen Rückgang nach sich ziehen. Weiterhin würde die Qualität der sozialen Arbeit darunter leiden. Dabei sei die ehrenamtliche Arbeit auch in Verbindung mit Kosten zu sehen, weil neben Sachkosten auch Personalkosten entstehen, da der Einsatz ehrenamtlicher Helfer geplant und begleitet werden müsse.[73]

„Wenn allgemein die Beschäftigung unbezahlter, gering bezahlter oder subventionierter Arbeitskräfte damit legitimiert wird, dass diese zusätzliche, ergänzende Leistungen erbringen, dann ist zu fragen, wo die Grenze zwischen den ‚normalen' und den ‚zusätzlichen' Leistungen liegt und wer hier was definiert, zu wessen Gunsten und zu wessen Lasten?"[74]

Die Aufwertung der Laienarbeit hat zwei Aspekte. Zum einen führt sie zu Kosteneinsparungen im sozialen Bereich. In der Suchtkrankenhilfe ist die Tätigkeit Ehrenamtlicher zu einem gern gesehenen Kostendämpfungsfaktor geworden. Zum anderen können Laien soziale Beziehungen herstellen, die menschliche Werte im Zusammenleben in unserer Gesellschaft darstellen. Doch muss zur Unterstützung ehrenamtlicher Arbeit hauptamtliches Personal ausdrücklich eingeplant werden.[75]

Laien und Professionelle haben unterschiedliche Kompetenzen, die es gilt, in der sozialen Arbeit einzusetzen. Wichtig ist eine fortführende Professionalisierung der sozialen Arbeit, insbesondere die Einflechtung von Manageraufgaben in die Ausbildung. Dadurch wäre auch ein selbstbewussterer Umgang mit dem Berufsfeld „Soziale Arbeit" möglich. In diesem Zusammenhang der Professionalisierung ist eine gelingende Kooperation von Haupt- und Ehrenamtlichen und den daraus resultierenden Rahmenbedingungen wichtig.[76]

Peglow (2002) resümiert, eine Einsparung von Kosten durch das Ehrenamt sei nur in einem geringen Maße möglich. Zu einem Verlust könne es führen, wenn Ehrenamtliche über ihre Kompetenzen und Möglichkeiten eingesetzt werden und damit instrumentalisiert werden.[77]

4. Förderung des bürgerschaftlichen Engagements

Förderung durch den Staat

Die Voraussetzung für das Ehrenamt ist eine Absicherung der eigenen Existenz. Ehrenamtlich Arbeitende sind auf die Finanzierung ihres Lebensunterhaltes durch die eigene Berufstätigkeit oder die des Lebenspartners angewiesen. Sie müssen gewissermaßen finanzielle Voraussetzungen erfüllen.[78] Bei Menschen, die Zuwendungen vom Staat bekommen, wie z. B. bei Arbeitslosengeld 2 Empfängern stellt sich die Frage, ob die finanziellen Voraussetzungen erfüllt sind. Dennoch gibt es Arbeitslosengeldempfänger, die dem Ehrenamt nachgehen. Gerade in einer Krise der Arbeitsgesellschaft ist es nicht förderlich, wenn ein Politiker wie Thilo Sarrazin auf die Frage, welche Vergünstigungen ehrenamtlich tätige Hartz-IV Bezieher erwarten können, antwortet: „Wenn Hartz-IV Bezieher Kraft für Ehrenämter hätten, sollten sie auch die Kraft aufbringen, sich um Arbeit zu bemühen."[79] Guten Willen dagegen bewies die Bundesregierung 2007, als sie das Gesetz zur Stärkung des bürgerschaftlichen Engagements verabschiedete. Ziel war es, eine Wertschätzung für die Menschen auszudrücken, die sich engagieren und mehr Menschen zu motivieren, sich ehrenamtlich zu betätigen. Durch das Gesetz ergaben sich u. a. steuerliche Vorteile, sowie die Anhebung des Übungsleiterfreibetrags von 1848 Euro bei unverändertem Anwendungsbereich auf 2100 Euro.[80] Die Ehrenamtsförderung ist Aufgabe des Staates, da aufgrund des Subsidiaritätsprinzips der Staat selbstständigen, nichtstaatlichen Lösungen Vorrang geben soll, aber für geeignete Rahmenbedingungen Sorge zu tragen hat.[81]

„Ehrenamtliches Engagement ist auch Ausdruck von Subsidiarität, nach der der Staat auf die Übernahme von Aufgaben dort verzichtet, wo einzelne kleinere Gemeinschaften, freie Träger oder auch einzelne Personen diese besser erfüllen können. Der Staat hat den Auftrag sicherzustellen, daß sich diese subsidiäre Aufgabenwahrnehmung entfalten kann."[82]

Es ist die Pflicht des Staates für die Entfaltung dieser Aufgabenwahrnehmung Sorge zu tragen. Es darf nicht zu einer Instrumentalisierung des Ehrenamtes kommen. Als die Fraktion Bündnis 90/Die Grünen von einer Reform des Stiftungs- und Gemeinnützigkeitsrechts sprach, sagte Strachwitz (1999), dass nicht der Wunsch nach gesellschaftlichem Umbau bestand, sondern die Suche nach Beiträgen zur Erfüllung öffentlicher, im Sinne staatlicher Aufgaben diese Überlegungen auslöste. Es sei kein Wunder, dass nicht das Engagement der Bürger als solches, sondern die Staatsnützlichkeit Ziel der Bemühungen sei.[83]

„Ehrenamtliche Arbeit hat direkte und indirekte Verteilungsfolgen. Wird sie zur Entlastung öffentlicher Haushalte eingesetzt, so entlastet eine solche Politik den allgemeinen Steuerzahler und belastet jene Personen, die ehrenamtliche Arbeit leisten. Diese tragen mit ihrer Arbeitskraft die ökonomischen Wirkungen dessen, was in der Politik als ‚Einsparung' gepriesen wird. Ein solcher Effekt kann erwünscht oder unerwünscht sein, in jedem Fall muss aufgezeigt werden, welche Bevölkerungsgruppen auf welche Weise betroffen sind."[84]

Eine unsichere Finanzierung wirkt sich unsicher auf die ehrenamtliche Arbeit aus. Um eine Bürgernähe herzustellen, bedarf es einer transparenten Politik und ehrlicher Anerkennung des Ehrenamtes. Es ist zu fragen, ob dies durch Kampagnen, Urkunden oder Kompetenznachweise ausreichend getan wird. Ehrenamtliche wollen Aufwandsentschädigungen. Sie fordern, dass „alle Auslagen für Fahrtkosten und Sachkosten, die aus der ehrenamtlichen Arbeit entstehen, ersetzt werden müssen, damit ehrenamtliche Arbeit nicht zum Privileg, zum Luxus für solche, die ‚es sich leisten können', wird und Menschen, die ein geringeres Einkommen oder eine niedrige Rente haben oder von dem Einkommen einer anderen Person leben, von vornherein aus dieser Tätigkeit ausgeschlossen sind."[85]

Administrative bzw. organisatorische Förderung soll nach Müller-Kohlenberg et al. (1994) das soziale Engagement unterstützen. Darunter fallen die Unfall- und Haftpflichtversicherungen, die Anrechnung auf Rentenansprüche, die steuerliche Absetzbarkeit, eine Berichtspflicht über die ehrenamtliche Arbeit sowie ein Ausweis für Ehrenamtliche, der finanzielle Vergünstigungen im Bildungsbereichen etc. bereithält.[86] Peglow (2002) merkt an, dass der genaue Nachweis geleisteter Stunden dem eigentlichen Wesen der ehrenamtlichen Arbeit widerspreche, weil es doch gerade darum gehe, für solche Aufgaben Zeit zu haben.[87]

Die Kommunen setzen zur Förderung des freiwilligen Engagements unterschiedliche Instrumente und Verfahren ein. 73% der Kommunen fördern direkt die Vereine, Gruppen und Projekte. 52% der Kommunen unterstützt das freiwillige Engagement durch die Verwaltungsspitze (z. B. Bürgermeister, Landrat). Die Häufigkeit ist in kleineren Städten und den Kreisen höher als in großen Städten. 45% der Kommunen fördern das Engagement indirekt über Verbände, 43% fördern Netzwerke (z. B. Stadtteilarbeit). In 33% der Kommunen gibt es bereits Ansprechpartner für freiwilliges Engagement in der Stadtverwaltung. Eine Engagement fördernde Öffentlichkeitsarbeit, eine Engagement fördernde Infrastruktur, sowie eine Engagement fördernde Qualifizierung der Verwaltungsmitarbeiter sind noch nicht so stark ausgeprägt.[88] Diese Fördermaßnahmen lassen zwei typische Antwortmuster erkennen, die „als kontrastierende Förderstrategien interpretiert werden können: eine neuartige und eine traditionelle Förderstrategie." [89] Die derzeit noch wenig verbreitete neue Strategie beinhaltet die Unterstützung themenübergreifender Anlaufstellen (z. B. Ansprechpartner in der Verwaltung, engagementfreundliche Öffentlichkeitsarbeit, Engagement fördernde Qualifizierung von Verwaltungsangestellten, Förderung von Netzwerken). Von dieser neuartigen Strategie der Engagementsförderung setzt sich die vorherrschende, traditionelle, ressortpolitisch orientierte Förderstrategie ab. Diese besteht hauptsächlich durch die indirekte Form des Engagements, vermittelt über Wohlfahrtsverbände und der direkten Förderung von Vereinen. Zusammenfassend lässt sich feststellen, dass „die traditionellen Maßnahmen der Engagementsförderung in den meisten

Kommunen aufgrund einer gewachsenen Förderkultur vorherrschend sind. In den Kommunen mit fortschrittlichem Förderverständnis werden traditionelle Förderstrategien nicht ersetzt, sondern durch neue Maßnahmen und Strategien ergänzt."[90]

Bei der Frage, welche Organisationsform die Kommunen unterstützen, waren die Vereine mit 95% bei der indirekten Förderung am häufigsten vertreten, gefolgt von Initiativen und Projekten. Bei der direkten Förderung stehen „nicht organisationsgebundene Tätigkeiten" mit 65%, gefolgt von den Kirchengemeinden und Wohlfahrtsverbänden an der Spitze. Bei den Engagementsbereichen, die von den Kommunen gefördert werden, sind die Bereiche „Sport und Bewegung" mit 82% vorrangig (auffällig hier ist die geringe Förderung durch Städte mit 100.000- 400.000 Einwohnern), gefolgt von dem Bereich „Unfall, Rettungsdienst, Freiwillige Feuerwehr". In den Städten mit bis zu 100.000 Einwohnern und in den Kreisen wird dieser Bereich des freiwilligen Engagements stärker gefördert als in größeren Städten. Die Unterstützung von freiwilligem Engagement im sozialen Bereich leisten nur 52% der Kommunen vorrangig. Doch nimmt die Bedeutung des sozialen Bereichs ausgehend von kleineren Städten (48%) und den Kreisen über mittlere Städte bis größere Städte (86%) deutlich zu.[91]

Förderung durch die Freie Wohlfahrtspflege

Von den Trägern der sozialen Arbeit müssen Rahmenbedingungen geschaffen werden, die die Förderung des Ehrenamtes gewährleisten. Jakob und Olk (1995) beschreiben einerseits den traditionellen Umgang mit Ehrenamtlichen, die als Hilfsarbeiter gesehen werden und eine Tendenz zur Instrumentalisierung und Marginalisierung aufweisen. Zum anderen stellen sie fest, dass es einen Umgang mit Ehrenamtlichen gibt, bei dem es Chancen auf Partizipation gibt und biografische Aspekte berücksichtigt werden.[92]

Sturzenhecker (1998) unterscheidet zwischen Institutionen, die sich durch eine starke Öffnung neuer Methoden auszeichnen und denen, die sich auf traditionelle Konzepte besinnen. Damit eine Verbesserung in der Zusammenarbeit mit Ehrenamtlichen entstehen kann, bedarf es einer Einbindung des Ehrenamtes ins Grundkonzept der Institutionen. Gerade in der heutigen Zeit, in der das Personal aufgrund fehlender Zeit überfordert ist, erscheint die geplante Gestaltung im Umgang mit Freiwilligen eher als eine zusätzliche Belastung bei ohnehin hohem Arbeitsdruck. Es müssen zeitliche und finanzielle Ressourcen zur Verfügung gestellt werden. Dafür bedarf es folgender Veränderungen: Die Notwendigkeit einer Veränderung muss von allen Beteiligten gesehen und anerkannt werden und in das Rahmenkonzept aufgenommen werden. Für die Umsetzung muss ein Koordinator gefunden werden, sowie zeitliche und finanzielle Ressourcen, in denen er das Freiwilligenmanagement tätigen kann. Bürger, die sich ehrenamtlich engagieren, wollen ihre Aktivitäten selbst bestimmen, gleichzeitig sollten die Institutionen den Freiraum und die Unterstützung für die individuelle Gestaltung ermöglichen. Ehrenamtliche wollen nicht überfordert werden, sie wollen sich und anderen helfen; und dies in einem zeitlich begrenzten Rahmen. Ehrenamtliche wollen Kontakt und Kooperation, aber keine Vereinnahmung. Die Institutionen, bzw. der Koordinator, sollte versuchen, eine Gemeinschafserfahrung ohne Zwang anzubieten. Weiter wollen die Ehrenamtlichen eine Versicherung, Entschädigung und Anerkennung individueller Leistung.[93]

Im Umgang mit der „neuen Ehrenamtlichkeit" ist es wichtig, dass glaubhaft das Gefühl vermittelt wird, dass dem Ehrenamtlichen eine Eigenständigkeit innerhalb der Verbände zugestanden wird; das Wollen von Partizipation und Mitbestimmung ist für viele Institutionen neu, spielt dennoch eine große Rolle bei den Ehrenamtlichen.[94]

Die monetäre Entschädigung Ehrenamtlicher ist ein wichtiger Punkt, dem sich die Verbände und Institutionen annehmen sollten. Notz (1987) bestätigt die These, dass ehrenamtliche soziale Arbeit nicht nur kein Geld einbringt, sondern auch noch kostet.[95] Peglow (2002) argumentiert, aus verwalterischer Sicht werde häufig eine Pauschale ausgezahlt, deren Höhe in unterschiedlicher Form diskutiert wird. Für eine höhere Pauschale spreche, dass dadurch eine höhere Anerkennung verbunden sei. Eine geeignete Anerkennung der ehrenamtlichen Arbeit sei eine angemessene, kostendeckende Aufwandsentschädigung. Wichtiger als die monetäre Leistung sei die immaterielle Anerkennung, z. B. in Form von

Partizipationsmöglichkeiten oder ein hohes Maß an Eigenverantwortlichkeit.[96]

Die Frage, wer in der Einrichtung die Öffentlichkeitsarbeit übernimmt, hängt von der Größe der Einrichtung sowie den Interessen und Qualifikationen der Mitarbeiter ab. Peglow (2002) weist weiterhin darauf hin, dass Plakationen und Stellengesuche in der Tageszeitung nicht zu dem gewünschten Ziel führen, da es die individuelle Ansprache der Personen ausschließt, es können nur Informationen über die Institutionen ausgegeben werden, oder es kann nur das Image verbessert werden.[97] Müller-Kohlenberg et al. (1994) merken an, dass über Impulse durch die Zeitung das „Aktivwerden" der Freiwilligen ausschlaggebend ist, sind dennoch erstaunt, wie selten dieser Weg zur Gewinnung neuer Mitarbeiter gegangen wurde. Der erfolgversprechendste Weg zur Gewinnung von Ehrenamtlichen ist jedoch die Mund-zu-Mund-Propaganda.[98]

Die Träger der sozialen Arbeit sind gefragt, eine Änderung der Haltung der Hauptamtlichen gegenüber den Ehrenamtlichen herzustellen. Die Arbeit mit ihnen wird wohl nie konfliktfrei sein, eine Verbesserung sollte aber angestrebt werden. Voraussetzung dafür ist eine Förderung, die auf institutioneller, als auch auf staatlicher Ebene gewährleistet ist. Die intentionellen Rahmenbedingungen sollten gegeben sein, um die Arbeitsbedingungen für dieses Vorhaben zu verbessern.[99] Doch wie sollen diese Rahmenbedingungen aussehen? Die Bundesarbeitsgemeinschaft der freien Wohlfahrtspflege wies darauf hin, dass die Unterscheidung in einfachere und höherwertige Dienste unbedingt vermieden werden sollte und forderte eine partnerschaftliche

Zusammenarbeit zwischen haupt- und ehrenamtlichen Mitarbeitern, sowie eine Miteinbeziehung in Entscheidungsprozesse beider Arbeitertypen. Sie berichtet von einer Projektarbeit, in der beteiligte ehrenamtliche Arbeiter sich gegen eine Trennung von Ehrenamtlichen und Hauptamtlichen wenden. Sie begründen dies damit, dass die hauptamtlichen Mitarbeiter auch die unmittelbare Arbeit mit dem Menschen übernehmen wollen und nicht nur technokratische Aufgaben. Gleichwohl wollen Ehrenamtliche keine Arbeit leisten, die durch hauptamtliche, bezahlte Kräfte geleistet werden kann, sie wollen aber auch keine Hilfskräfte der Hauptamtlichen sein, sondern „Helfer des Klienten".[100]

Das Verhältnis Ehrenamtlichkeit und Hauptamtlichkeit wird durch Befürchtungen der Professionellen, durch Laienarbeit könnten Arbeitsplätze wegfallen, beeinträchtigt.[101] Ein weiterer Aspekt, der in die Überlegungen für die Herstellung geeigneter Rahmenbedingungen mit angeführt werden sollte, ist, dass betriebliche Strukturen von hauptamtlich Beschäftigten initiiert wurden und sich an die Bedürfnisse hauptamtlich Beschäftigter richten; Betriebsräte vertreten die Interessen der Beschäftigten und nicht die der Ehrenamtlichen.[102]

> „Es ist nachvollziehbar, dass es in solchen Organisationsstrukturen schwierig ist, Menschen zu finden, die ehrenamtlich aktiv werden. Somit entsteht bei den Akteuren in den Wohlfahrtsverbänden der Eindruck, sie fänden keine Ehrenamtliche mehr. Auch der ASB berichtet in seinen Veröffentlichungen davon, keine Menschen (mehr) zu finden, die bereit wären, Aufgaben zu übernehmen, obwohl in absoluten Zahlen kein Rückgang zu verzeichnen ist."[103]

Müller-Kohlenberg et al. (1994) beschreiben die Zusammenarbeit von ehrenamtlichen und hauptamtlichen Kräften anhand drei unterschiedlicher Modelle:

Das substitutive Modell geht von einer vollständigen oder teilweisen Ersetzbarkeit beruflicher sozialer Arbeit durch unausgebildete Laien aus. Konzepte dieser Art ließen sich in Untersuchungen kaum feststellen, es ist höchstens im Selbsthilfebereich zu finden.

Im komplementären Modell besteht eine enge Zusammenarbeit zwischen haupt- und ehrenamtlichen Helfern. Die Freiwilligen üben nahezu die gleichen Tätigkeiten aus wie die Hauptamtlichen; allerdings unter Anweisung und Kontrolle. Diese Form ist ebenfalls nicht häufig vorhanden.

Im supplementären Modell übernehmen die unbezahlten Kräfte die Tätigkeiten, für die die hauptamtlichen Kräfte die wenigste Zeit haben, z. B. Freizeitgestaltung, Spiele, Gespräche mit den Klienten. Solche personenbezogenen Dienste werden von unausgebildeten Helfern nachweislich ebenso gut erbracht wie von Berufsangehörigen. Eine Minderversorgung der Klienten sei daher nicht zu befürchten. Dieses Modell wird von Müller-Kohlenberg et al. (1994) als Kooperationsform für die Zusammenarbeit von Haupt- und Ehrenamtlichen besonders hervorgehoben.[104]

Jakob (1995) merkt dazu an, sie halte „den Vorschlag einer prinzipiellen Übertragung der Einzelfallarbeit auf Ehrenamtliche für problematisch, da dabei die spezifischen Rahmenbedingungen in den jeweiligen Arbeitsfeldern und die Anforderungsstruktur der Fallarbeit nicht genügend beachtet werden." [105] Außerdem ignoriere die Forderung der Übertragung der Einzelfallarbeit auf die Ehrenamtlichen die Entstehungsgeschichte professioneller Sozialarbeit, da Prozesse der Qualifizierung und Verberuflichung notwendig wurden, um den entstandenen Problemen entgegen zu wirken. Jakob (1995) resümiert, ehrenamtliches Engagement von Laien sei nicht schlechter als professionelle Arbeit, sondern bringe andere Ergebnisse hervor. Ein wichtiger Unterschied sei der fehlende Zeitdruck, der die Arbeit der Ehrenamtlichen manifestiert.[106]

Gegen Managementaufgaben von Hauptamtlichen ist nichts einzuwenden, doch sollte das Handeln der Professionellen darauf ausgerichtet sein, „den Ehrenamtlichen Entfaltungsmöglichkeiten zu verschaffen, und sie an der Mitgestaltung der Rahmenbedingungen ihres Arbeitsfeldes zu beteiligen." [107] Eine verantwortungsvolle Begleitung der Ehrenamtlichen durch Hauptamtliche spielt bei der Förderung durch Institutionen eine ausschlaggebende Rolle. „Werte wie Selbstbestimmung und Eigenverantwortung, sowie Anerkennung und Ernstgenommenwerden durch Professionelle [...]" [108] stellen einen wichtigen Anreiz zum Dabeibleiben dar. Die Kritik der Ehrenamtlichen ist oft die, nicht ernst genommen oder ohne ihr Wissen verplant zu werden.

Manche Professionelle konstatieren, Ehrenamtliche hätten nicht die geeigneten Voraussetzungen für die Ausübung eines Ehrenamtes. Sie sagen, es bestehe bei einigen ein Mangel an Distanznahme oder an Reflexionsfähigkeit des eigenen Tuns. Dies könne zu einer Klientifizierung der Ehrenamtlichen führen.[109] Diese Argumente müssen ernst genommen werden und umso wichtiger sind in diesem Zusammenhang Supervisionen, Fortbildungen, Erfahrungsaustausche und Einzelgespräche. Es sollte bei der Begleitung der Ehrenamtlichen auf die individuelle Persönlichkeit eingegangen werden, die Begleitung sollte nicht aufdringlich sein, aber eine Regelmäßigkeit erkennen lassen.[110]

Förderung durch Freiwilligenagenturen

Seit den achtziger Jahren wird in Non-Profit-Organisationen, Politik und Öffentlichkeit über die Struktur des bürgerschaftlichen Engagements diskutiert. Ausgangspunkt war ein Rückgang der Ehrenamtlichen, die sich im traditionellen Rahmen engagierten, während sich im Zeichen der Modernisierung und Individualisierung ein „neues Ehrenamt" herausbildete. [111] Aus einer Erhebung der Bundesarbeitsgemeinschaft der Freiwilligenagenturen (bagfa) geht hervor, dass ein Gründungsboom von Freiwilligenagenturen ab dem Jahr 1997 eingesetzt hat. Doch musste ein großer Teil der Agenturen nach kurzer Zeit aufgrund fehlender Finanzierungsmöglichkeiten wieder geschlossen werden. Bezüglich der Trägerschaft dominieren in der Praxis vier Modelle. Über ein Drittel der Freiwilligenagenturen werden in der Trägerschaft von Wohlfahrtsverbänden betrieben, ein knappes Drittel wird über Vereine getragen. Das letzte Drittel teilen sich kommunale Träger, sowie Trägerverbünde als Träger der Freiwilligenagenturen. Die Ergebnisse des Instituts für sozialwissenschaftliche Analysen und Beratung (ISAB) verweisen dagegen auf 50% der Wohlfahrtsverbände als Trägerschaft und 20% der Vereine. Vergleicht man die Trägerschaft in den neuen und alten Bundesländern, ist festzustellen, dass in den alten Ländern die Wohlfahrtsverbände dominieren, in den neuen Ländern ist der Verein als Träger dominierend.[112]

„Thomas Olk, der seit Jahren an der Universität Halle die Entwicklung des freiwilligen Engagements untersucht, vertrat auf der Bundesarbeitsgemeinschaft der Freiwilligenagenturen e. V. (bagfa) und der Stiftung Mitarbeit im Oktober 2002 die Auffassung, dass das freiwillige Engagement in Deutschland in den letzten Jahren ein Maß an gesellschaftlicher Anerkennung gewonnen habe, das ‚einem Quantensprung' gleichkomme. So werde heute allgemein anerkannt und von niemanden ernsthaft bestritten, dass dieses Engagement aktiv zu fördern und zu unterstützten sei."[113]

Wie in den letzten Kapiteln berichtet, treten neue Angebote und Motive den traditionellen Strukturen entgegen und bestimmen das „neue Ehrenamt". Eines der Angebote neben Freiwilligendiensten oder Mehrgenerationenhäusern ist seit Mitte der neunziger Jahre die vermehrt gegründeten Freiwilligenzentren, Ehrenamtsbörsen und Freiwilligenagenturen. Olk empfahl 2002 auf dem Jahrestag der Bundesarbeitsgemeinschaft der Freiwilligenagenturen e. V. (bagfa) und der Stiftung Mitarbeit, sich von einer reinen Rekrutierungsperspektive zu lösen, die sich darauf beschränke, möglichst viele Freiwillige zu vermitteln.[114] Weiter empfahl er:

„Stattdessen sollten sie die Beratung und Qualifizierung der Institutionen und die bürgergesellschaftliche Öffnung öffentlicher Institutionen verstärkt zum Thema ihrer Arbeit machen. Notwendig sei weniger ein ‚Arbeitsamt des Ehrenamtes' zu etablieren, als vielmehr ein erneuertes Verständnis von Engagementsförderung- und Entwicklung zu vermitteln."[115]

Die Nationale Freiwilligenagentur für Deutschland versteht sich als Ansprechpartner und Forum für das Ehrenamt. Die Hauptaufgabe ist die Förderung des bürgerschaftlichen Engagements. Eine weitere bundesweite Struktur sind die Kontakt- und Informationsstellen für Selbsthilfegruppen. Sie vernetzen und beraten die vielfältigsten Selbsthilfeorganisationen in sozialen und gesundheitlichen Bereichen. Eine weitere große Bedeutung haben Seniorenbüros. Immer mehr Senioren haben nach ihrem Arbeitsleben noch Interesse, sich für bestimmte Zwecke zu engagieren. Aufgrund der demografischen Entwicklung bekommen solche Aktivitäten von Senioren eher eine wachsende Bedeutung.[116] Die Zahl ehrenamtlich aktiver Älterer ist in Westdeutschland in den vergangenen Jahren von gut 20% (1985) auf mehr als 30% (2005) gestiegen. Nach der Wende zeigte sich in Ostdeutschland eine ähnliche Zunahme.[117] Bürgerstiftungen sind Stiftungen von Bürgern, die sich für das lokale Gemeinwohl einsetzten. Wichtige Merkmale einer Bürgerstiftung sind Selbständigkeit und Unabhängigkeit, Gemeinnützigkeit, Förderung sozialer, kultureller und ökologischen Belange, die in einem begrenzten Wirkungskreis einen langfristigen Vermögensaufbau betreibt und ihre Organisationsstruktur und Mittelvergabe transparent macht. Sie ist frei von staatlicher Einflussnahme, politischen Instanzen oder einzelnen Stiften.[118]

Diese neuen Vermittlungsinstanzen, die Keupp (2002) ebenfalls ansprach, ergeben vielfältige Formen der Freiwilligentätigkeit. Sie werden jedoch durch ihre sektorale Aufsplitterung zu wenig als eine solche Anerkennungskultur wahrgenommen, wertgeschätzt und gestaltet. Um zukunftsfähige Rahmenbedingungen der intentionellen, finanziellen und professionellen Ausstattung zu sichern, müssen für jede Form des Engagements Ressourcen gesucht werden, die dessen Stabilisierung sichert oder aber eine integrative Verbundlösung, die alle Formen des gelebten Bürgerengagements vereinigt.[119] „Die Frage an dieser Stelle ist, ob das Netz an Beratungs- und Vermittlungsstellen dadurch besser wird, dass es unübersichtlicher wird. Anzustreben ist demnach ein dichtes Netz an Institutionen, bei dem einzelne Institutionen übergreifend beraten, informieren und gegebenenfalls weitervermitteln können." [120] Der Vorteil der Freiwilligenzentren liegt in ihrer institutionellen Unabhängigkeit und der Möglichkeit, eingefahrene Strukturen bei den Wohlfahrtsverbänden aufbrechen zu können. Die Verbände tun sich noch schwer bei der Einbeziehung Ehrenamtlicher. Daher sind Freiwilligenzentren zu begrüßen, sie können den Verbänden beratend zur Seite stehen.[121] Das Freiwilligenzentrum Dortmund sieht die besondere Qualität von organisationsunabhängigen Freiwilligenzentralen darin, dass sie „nicht bestrebt sind, aus Sicht der Organisationen möglichst viele Vermittlungen zu tätigen, sondern die Sichtweise der Freiwilligen einnehmen und sich bemühen, möglichst viele interessante Betätigungsfelder zu erschließen."[122]

Das Bundesministerium für Familie, Senioren, Frauen und Jugend hat anlässlich des Internationalen Jahres der Freiwilligen 2001 einen „Leitfaden für Kommunen zur Information und Beratung über freiwilliges Engagement und Selbsthilfe" in Auftrag gegeben. In diesem Kontext hat es sich als Oberbegriff der oben erwähnten Organisationen für „Büro für freiwilliges Engagement und Selbsthilfe" entschieden. Das Ziel war, in den Städten und Gemeinden Büros für freiwilliges Engagement und Selbsthilfe einzurichten, um mit diesen Einrichtungen die bestehenden Strukturen der freien und öffentlichen Träger in einem Netzwerk zusammenzufassen. Vorteil dessen soll sein, dass die Bürger über alle Engagementsbereiche und Möglichkeiten informiert, beraten und unterstützt werden. Die Bündelung der Kompetenzen und Ressourcen der einzelnen Einrichtungen bietet bessere Chancen zur längerfristigen Absicherung und Finanzierung der Infrastruktur in den Kommunen. Diese Initiative des Bundesministeriums rührt wohl auch von den finanziellen Situationen der Städte und Gemeinden, deren Sanierung in den nächsten Jahren im Vordergrund steht. [123] So ist es nicht verwunderlich, dass es in der Regel keine Vollfinanzierung für Freiwilligenagenturen durch einen einzelnen Geldgeber gibt. Die Finanzierung setzt sich oft aus verschiedenen Quellen zusammen; kommunale Mittel, Landesmittel, sowie Mittel der Arbeitsförderung nehmen eine zentrale Rolle in den Haushalten der Freiwilligenagenturen ein.[124]

Da die Förderung des Bürgerengagements ein Grundsatz im Rahmen kommunaler Haushaltssicherungskonzepte ist, hat die Neuorganisation der lokalen Infrastruktur des freiwilligen

Engagements eine große Bedeutung. Die Bundesarbeitsgemeinschaft der Freiwilligenagenturen e. V. (bagfa), die Bundesarbeitsgemeinschaft der Seniorenbüros (BaS) und die Deutsche Arbeitsgemeinschaft Selbsthilfegruppen e. V. (DAG SHG) haben 2002 eine gemeinsame Arbeitsgruppe gebildet, um Strategien für eine Verbesserung der lokalen Infrastruktur zu entwickeln. Ziel soll sein, in den Städten und Gemeinden „Büros für freiwilliges Engagement und Selbsthilfe" einzurichten. Die Strukturen und Netzwerke öffentlicher und freier Träger sollen dabei zusammengebracht werden. Das Kölner ISAB-Institut, das für sozialwissenschaftliche Analysen und Beratung zuständig ist, erwartet dadurch eine umfassende Information, Beratung und Unterstützung aller Bevölkerungsgruppen in allen Engagementbereichen, sowie eine Bündelung der Organisationen, die bessere Chancen zur längerfristigen Absicherung und Finanzierung in den Kommunen bieten soll.

Die Aufgaben eines „Büros für freiwilliges Engagement und Selbsthilfe" lassen sich in fünf Kernbereiche unterteilen:

- Information, Beratung und Vermittlung von Freiwilligen: Durch seine Unabhängigkeit kann das Büro Bevölkerungsgruppen erreichen, die andere Wege zum Engagement meiden. Es werden Menschen angesprochen, die dem Engagementspotenzial zugerechnet werden. In der Beratung soll zwischen den Wünschen und Bedürfnissen der Interessierten und den Anforderungen der Institutionen vermittelt werden.

- Unterstützung und Beratung von Organisationen aber auch Einzelpersonen: Ein wichtiger Aspekt ist die Zusammenarbeit mit den Institutionen, besonders mit kleinen Initiativen, die keine Ressourcen haben, Freiwilligenmanagement durchzuführen. Weiter kann die Qualität des freiwilligen Engagements verbessert werden, indem die Mitbestimmung der freiwilligen Formen ermöglicht wird und es nicht um eine schnelle Vermittlung von möglichst vielen Freiwilligen geht. Dazu gehört gegebenenfalls auch eine Überwindung alter Denkweisen in den Institutionen.
- Fort- und Weiterbildung, Qualifizierung: Die Angebote richten sich an Freiwillige und Hauptamtliche und können durch das Freiwilligennetzwerk konzipiert und angeboten werden.
- Öffentlichkeitsarbeit für das freiwillige Engagement in seinen unterschiedlichen Formen: Das eigene spezifische Angebot soll verbreitet werden, damit die Bürger das Angebot wahrnehmen können. Auch den Institutionen soll die Qualität und der Nutzen des Freiwilligennetzwerks nahegebracht werden. Ziel ist, zunächst den Bekanntheitsgrad zu erhöhen und Akzeptanz zu schaffen, da vielen Bürgern und Institutionsmitarbeitern diese neue Form der Freiwilligkeit noch nicht geläufig ist.
- Vernetzung im jeweiligen Freiwilligensektor: Die Vernetzung des freiwilligen Engagements trägt zu einer Nachhaltigkeit bei und fördert die Zusammenarbeit, auch beim Übernehmen von Projekten, dem Austauschen von Problemen oder Herausforderungen.[125]

Um die im letzten Abschnitt beschriebenen Aufgaben möglichst optimal zu gestalten, besteht die Möglichkeit, Freiwilligenagenturen durch das Engagement von Wirtschaftsunternehmen zu fördern. Etwa die Hälfte der befragten Freiwilligenagenturen der Erhebung der Bundesarbeitsgemeinschaft der Freiwilligenagenturen e.V. (bagfa) nutzen die Unterstützung von Wirtschaftsunternehmen. Die Förderung geschieht überwiegend in projektbezogener, zeitlich befristeter Form. Die Formen der Unterstützung sind überwiegend Geld- und Sachspenden. Aber auch Zeitspenden, von extra für diesen Zweck freigestellten Mitarbeitern des Unternehmens, werden in geringem Maße getätigt. Es kann anhand der bagfa-Erhebung resümiert werden, dass die Vermittlungsquote einer Freiwilligenagentur umso besser ist, je besser die Agentur finanziell ausgestattet ist und je erfahrener, also je älter sie ist. Die Förderung von unternehmerischen bürgerschaftlichen Engagement gehört derzeit für die Mehrheit der Agenturen noch nicht zu den zentralen Aufgabenfeldern, doch stehen 35% der Agenturen mit Unternehmen in Kontakt.[126]

5. Die Engagements-Lotsen für Ehrenamtliche Niedersachsen

Der Qualifizierungslehrgang zum Lotsen

Im Jahr 2006 startete das Niedersächsische Ministerium für Soziales, Frauen, Familie und Gesundheit das Qualifizierungsprogramm der Engagement-Lotsen für Ehrenamtliche Niedersachsen. [127] Damit sollen Bürger angesprochen werden, die als Engagement-Lotsen andere Bürger aktivieren sollen, ehrenamtlich tätig zu werden. Die Aufgaben der ELFEN können sein, neue Ideen und Impulse für ehrenamtliches Engagement zu geben, Presse- und Öffentlichkeitsarbeit zu organisieren, Freiwillige zu gewinnen und zu betreuen, Institutionen zu beraten, neue Projekte anzuregen und Netzwerke zwischen den Freiwilligen, der Kommune und den Institutionen herzustellen. Die Fortbildungen für das Qualifizierungsprogramm finden in zwei Seminarblöcken à drei Tagen statt. Die Kosten dafür trägt das Land. Das Ziel der Qualifizierung ist, die Teilnehmenden über Erkenntnisse und Ergebnisse der Forschungen des bürgerlichen Engagements zu informieren. Bei Interesse wendet man sich an die Kommune, die dann, vertreten durch die Freiwilligenakademie Hannover, Freiwillige für das Qualifizierungsprogramm vorschlägt. Die Kurse finden zweimal jährlich in den Heimvolkshochschulen Lingen und Loccum statt. Bisher haben sich 190 Bürger aus 68 Kommunen Niedersachsens zu Engagements-Lotsen ausbilden lassen. Im Oktober 2007 qualifizierten sich zwei Bürgerinnen aus der

Stadtgemeinde Wunstorf, auf die ich im Kapitel 6 näher eingehe.[128]

Richtlinie über die Gewährung von Zuwendungen zur Förderung von Freiwilligenagenturen

Das Bundesland Niedersachsen gewährt nach der Maßgabe dieser Richtlinien und der Verwaltungsvorschriften zur Niedersächsischen Landeshaushaltsordnung (VV/VV-GK LHO) §44 Zuwendungen, um die Rahmenbedingungen für bürgerschaftliches Engagement zu fördern. Gefördert werden Freiwilligenagenturen oder -zentren oder vergleichbare Einrichtungen, die in Form einer juristischen Person geführt werden oder juristische Personen, die Träger einer Freiwilligenagentur sind. Die Fördermittel umfassen Sach- und Personalausgaben unter der Voraussetzung, dass die Freiwilligenagenturen in ihrem Arbeitskonzept folgende Tätigkeitsbereiche berücksichtigen:

- Kostenlose Information, Beratung und Vermittlung von Menschen aller Altersgruppen
- Beratung und Ansprache von Organisationen, die an Freiwilligen interessiert sind
- Öffentlichkeits- und Lobbyarbeit für das freiwillige Engagement
- Weiterbildung für freiwillig Engagierte durchführen/ organisieren
- Beteiligung am Qualitätsmanagement der Bundes- bzw. Landesarbeitsgemeinschaften oder an einem vergleichbaren Qualitätsmanagement

Eine weitere Voraussetzung für die Gewährung von Fördermitteln ist die Unterstützung vom breiten örtlichen Handlungsverbund, bestehend aus Vereinen, Verbänden, der Kommune und ggf. weiteren Institutionen. Bei Zuwendungen für förderungsfähige Vorhaben können bis zu 80 % der zuwendungsfähigen Gesamtausgaben, maximal 25000 € im Einzelfall, bewilligt werden. Bei den Sachausgaben sind einmalige Beschaffungsausgaben, laufende Ausgaben für den Geschäftsbedarf, Miete (einschließlich Nebenkosten), Reise- und Fortbildungskosten und Kosten für die Öffentlichkeitsarbeit zuwendungsfähig. Es besteht kein Anspruch auf diese Fördermittel, die Bewilligungsbehörde des Landes entscheidet nach eigenem Ermessen im Rahmen der verfügbaren Haushaltsmittel. Das Land geht davon aus, dass sich die kommunalen Gebietskörperschaften angemessen an den Ausgaben der Freiwilligenagenturen beteiligen. Die Bewilligungsbehörde ist das Landesamt für Soziales, Jugend und Familie, die die Bewilligung, Auszahlung und Abrechnung nach den Förderrichtlinien des VV/VV-GK zu §44 LHO gestaltet. Diese Richtlinie über die Gewährung von Zuwendungen zur Förderung von Freiwilligenagenturen ist mit Wirkung zum 01.01.2008 in Kraft getreten und tritt mit Ablauf des 31.12.2012 außer Kraft.[129]

Kompetenznachweis über ehrenamtliche Tätigkeit

Der Kompetenznachweis dokumentiert den Zeitraum, die Art und den Umfang des bürgerlichen Engagements, sowie erworbene Fähigkeiten und Kompetenzen, deren Schlüsselqualifikationen für die berufliche Tätigkeit, sowie für Bewerbungen nützlich sein können. Er ist ein Nachweis und gleichermaßen eine Anerkennung für das geleistete bürgerliche Engagement. Den Kompetenznachweis können alle Freiwilligen erhalten, die das vierzehnte Lebensjahr vollendet haben und sich regelmäßig oder zeitlich befristet und mindestens achtzig Stunden im Jahr in einer Organisation, einem Verein, einem Verband oder in einer Initiative engagieren. Den Nachweis stellt das Niedersächsische Ministerium für Soziales, Frauen, Familie und Gesundheit in Form eines Urkundenvordrucks den Organisationen zur Verfügung.[130]

Versicherungsschutz

Seit dem Jahr 2003, in dem der niedersächsische Landtag die Landesregierung aufgefordert hat, die bestehenden Lücken im Versicherungsschutz für Engagierte zu schließen, besteht für bürgerschaftlich engagierte Menschen in Niedersachsen ein umfassender Versicherungsschutz. Es wurden mit der VGH-Versicherung Rahmenverträge abgeschlossen, damit die niedersächsischen Menschen während des bürgerschaftlichen Engagements gegen Unfälle und Haftpflichtschäden Schutz genießen. Es besteht ein subsidiärer Versicherungsschutz, so dass bestehende private oder institutionelle Haftpflicht- und Unfallversicherungen vorrangig sind. Ab Oktober 2005 gilt der Versicherungsschutz auch für Engagierte, deren Hauptwohnsitz außerhalb Niedersachsens liegt und die in Niedersachsen freiwillig tätig sind.[131]

6. Die ELFEN in Wunstorf

Das Vermittlungsbüro

Stadtverwaltung Wunstorf, Gebäude E Kellergeschoss

Stiftsstraße 8

31515 Wunstorf

Telefon: 05031-101-384

eMail: info@elfeninwunstorf.de

Sprechzeiten: Mittwoch 10.00 Uhr-12.00 Uhr

Die Stadt Wunstorf gehört zur Region Hannover. Sie besteht aus neun Ortschaften und der Kernstadt Wunstorf. Die gesamte Einwohnerzahl beträgt 41.555 Einwohner. Die soziale Infrastruktur besteht aus 17 Kindertagesstätten und 16 Schulen. [132] Es gibt weiterhin das niedersächsische Landeskrankenhaus, 5 Altenheime, 3 Wohnstätten für geistig behinderte Menschen und weit über 50 Vereine. Die ELFEN gibt es dort seit Oktober 2007. Sie wurden von zwei Damen gegründet, die in Wunstorf eine Anerkennungskultur für Ehrenamtliche aufbauen wollen. Ursula Jungbluth hatte schon längere Zeit die Idee, eine „Plattform für die Vermittlung Ehrenamtlicher unter dem Dach der Kommune zu schaffen". Sie wusste um das niedersächsische ELFEN-Projekt und informierte sich beim Bürgermeister, in welcher Form man dies in Wunstorf gestalten könnte. In diesem Zusammenhang fand sie mit Gerlinde Freyberg eine weitere Interessierte, sich dem

Projekt anzunehmen und den Qualifizierungslehrgang zum Multiplikator zu belegen. Im Jahr 2008 stieß Brigitte Hellmuth zu den ELFEN. Alle drei Damen hatten sich schon vor dem ELFEN-Projekt in verschiedenen Institutionen ehrenamtlich betätigt. Auch jetzt, neben ihrer vermittelnden Tätigkeit, legen sie viel Wert darauf, nebenbei noch weitere ehrenamtliche Tätigkeiten auszuführen. Dadurch bedingt stand anfangs die kontinuierliche Kommunikation mit den Institutionen nicht im Vordergrund und soll nun, da mit Ulla Tietz die vierte Multiplikatorin das Qualifizierungsprogramm beendet hat, stärker herausgehoben werden.

Die ELFEN haben mittwochs von 10.00 Uhr bis 12.00 Uhr Sprechstunde in einem Büro, das sie für diesen Zeitraum von der Stadt Wunstorf kostenlos zur Verfügung gestellt bekommen. Im Rahmen der Öffentlichkeitsarbeit erscheinen zu besonderen Anlässen Artikel in der regionalen Presse. Weiter stellen sie ihr Angebot bis zu dreimal jährlich mit Infoständen in der Fußgängerzone im Rahmen der „Woche des Ehrenamtes" und anderer Aktionen vor. In verschiedenen öffentlichen Einrichtungen sind Faltblätter ausgelegt.

Der erste Erfahrungsaustausch fand im Februar 2008 statt und war die erste Möglichkeit des Zusammenkommens der Freiwilligen. Der zweite Erfahrungsaustausch fand am 11.03.2009 statt und diente der Vorstellung von Erfahrungsberichten und einer umfassenden Rückmeldung der Freiwilligen. Es wurde weiterhin ein „Stammtisch" angeregt, der nun in regelmäßigen Abständen stattfindet und in der regionalen Presse sowie auf der Webseite der ELFEN angekündigt wird.

Das Netzwerk zu anderen Büros und Agenturen des ELFEN-Projekts ist nach Aussage der ELFEN noch ausbaufähig. Die Freiwilligenakademie Niedersachsen bietet ELFEN-Treffen an, in denen es u. a. um den Ausbau des Netzwerks geht. Das Netzwerk soll mithilfe einer Datenbank eingerichtet werden, in der wesentliche Informationen zu den einzelnen lokalen ELFEN-Projekten mitsamt den Kontaktdaten gespeichert werden. Die Vorteile sollen eine schnelle Information über Projekte, Personen und Neuerungen, gleicher Wissensstand für alle ELFEN, eine Sammlung von Ideen und Anregungen sowie ein Werbeeffekt für die Kommunen sein. Die Realisierung des Projekts erfolgt durch eine Arbeitsgruppe, die für die inhaltliche Gestaltung der Datenbank, die Einholung und Bearbeitung der Daten sowie die Ermittlung der Kosten zuständig ist. Solche Treffen sollen in Zukunft in regelmäßigen Abständen stattfinden.

Die ELFEN haben keinen Verein gegründet, weil sie „langsam mit dem Projekt beginnen wollten". Sie sagten aber auch, sie seien während des Qualifizierungslehrgangs nicht umfangreich über die Vor- und Nachteile einer Vereinsgründung informiert worden. Sie tätigen die Vermittlung bisher ohne Förderung der Landesregierung oder der Kommune (mit Ausnahme der Nutzung des Büros in der Stadtverwaltung).

In diesem Zusammenhang habe ich mich beim Niedersächsischen Landesamt für Soziales, Jugend und Familie erkundigt, welche Möglichkeiten der Förderung es gibt. Ich erfuhr, dass man als natürliche Person keine Möglichkeiten hat, Förderungen des Landes zu beantragen. Maßgebend ist die

Vorgabe, als juristische Person aufzutreten. Die Voraussetzung für die Antragstellung für Fördermittel ist die Gründung eines Vereins, einer Stiftung oder die Trägerschaft der „Freiwilligenagentur" durch die Kommune. Wichtig in dem Zusammenhang ist, dass bestehende Projekte nicht mehr gefördert werden, wenn sie vor Vereinsgründung initiiert wurden. Gleichwohl werden neue Projekte finanziell gefördert, nachdem ein Verein gegründet wurde.[133]

Als Sponsoren konnten die ELFEN die Sparkasse Wunstorf gewinnen, die ihnen durch finanzielle Unterstützung ein Projekt ermöglicht hat. Im Zusammenhang mit der Erstellung der Webseite hat der Web-Hoster Kolde EDV sich bereit erklärt, die Webseite umsonst zu hosten. Der Bauverein Wunstorf stellt den ELFEN für Veranstaltungen kostenlos einen Tagungsraum zur Verfügung.

Zur besseren Vermittlung haben die ELFEN eine Stellenkartei erstellt, die Einsatzmöglichkeiten und allgemeine Informationen zu den Organisationen aufzeigt. Insgesamt stehen die ELFEN mit 21 Institutionen in Kontakt. Dabei handelt es sich um 11 Vereine unterschiedlicher Ausrichtungen, 5 öffentliche Schulen, 1 öffentlichen Kindergarten, 3 Kirchengemeinden und eine Heimbetriebsgesellschaft mbH.

Einsatzmöglichkeiten innerhalb der Institutionen

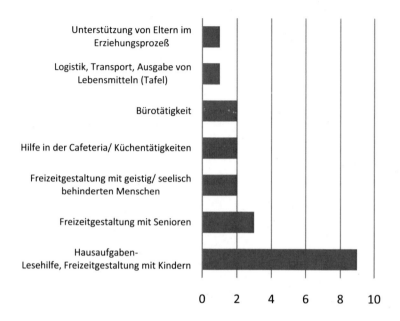

Abbildung 5: Einsatzmöglichkeiten innerhalb der Institutionen

Die Einsatzmöglichkeiten innerhalb der 21 Institutionen, mit denen die ELFEN in Kontakt stehen, sind in Abb. 5 zusammengefasst. Die „Betreuung von Kindern mit und ohne Migrationshintergrund (Hausaufgaben-Lesehilfe, Freizeitgestaltung mit Kindern)" wird in 9 Institutionen angeboten. Dieses Angebot wird von den meisten Freiwilligen in Wunstorf wahrgenommen.

Evaluation zur Erstellung des Freiwilligenprofils

Die Evaluation dient dem Erfassen des Profils der Freiwilligen. Ich habe die quantitative Methode der Befragung durch einen standardisierten Fragebogen gewählt. Die Befragung erfolgte anonym. Der Fragebogen besteht aus fünf Blöcken, die Angaben zur Häufigkeit, Angaben zu den Interessen, Angaben zur Motivation, Sozialdaten zur Person sowie Anregungen und Verbesserungsvorschläge beinhalten. Der Fragebogen besteht aus geschlossenen Fragen, die teilweise mit Öffnungskategorien (Sonstiges) ausgestattet sind. Die letzte Frage ist eine offene Frage, deren Antworten ich bei der Auswertung sinngemäß zusammengefasst habe.

Es waren zur Zeit der Befragung im Februar 2009 50 Freiwillige erfasst. Es wurden 50 Fragebögen mit einem Anschreiben und frankiertem Rückumschlag den Freiwilligen zugeschickt. Weiterhin bestand die Möglichkeit, bei einem Erfahrungsaustausch am 11.03.09, bei dem 24 Freiwillige anwesend waren, den Fragebogen für Freiwillige auszufüllen.

Fünf Fragebögen konnten nicht zugestellt werden, da die Adressaten verzogen sind, sodass anzunehmen ist, dass sie der freiwilligen Tätigkeit nicht mehr nachgehen. Genau lässt sich nicht sagen, wie viel Freiwillige noch tätig sind. Es wurden insgesamt 26 ausgefüllte Fragebögen zurückgeschickt. Bei einer angenommenen Zahl von 45 Freiwilligen bedeutet dies eine Rücklaufquote von 58%.

Auswertung

1. Angaben zu der Häufigkeit des bürgerschaftlichen Engagements

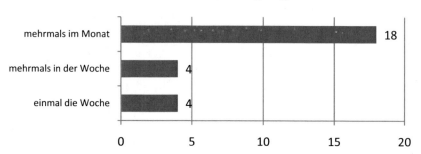

Abbildung 6: Wie oft sind Sie freiwillig tätig

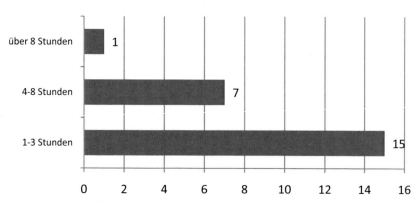

Abbildung 7: Wie viele Stunden in der Woche gehen Sie der Tätigkeit nach

Wie dauerhaft sehen Sie Ihr freiwilliges Engagement?

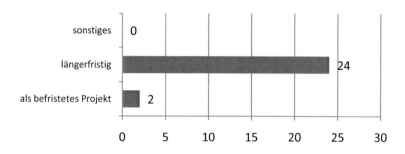

Abbildung 8: Wie dauerhaft sehen Sie Ihr freiwilliges Engagement

Das Engagement wird von 69% der Freiwilligen mehrmals im Monat getätigt. Bei der Frage, wie viel Stunden in der Woche das Engagement ausgeübt wird, wurde von 65% „1 bis 3 Stunden" angegeben. Die freiwillige Tätigkeit wird von 92% als längerfristiges Projekt gesehen.

2. Angaben zu Ihren Interessen

In welchem Bereich sind Sie freiwillig tätig?

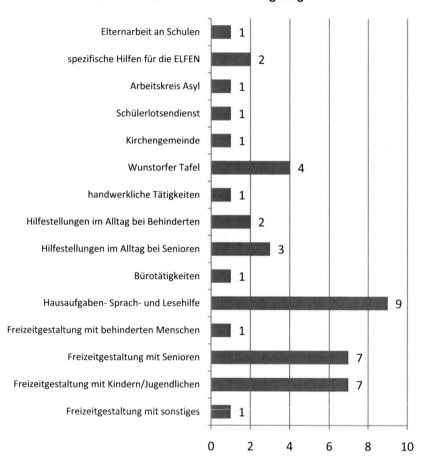

Abbildung 9: In welchem Bereich sind Sie freiwillig tätig

Wünschen Sie eine weitere oder andere Tätigkeit?

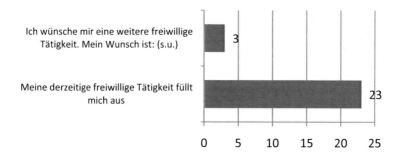

1. Tätigkeit mit Kindern, 2.Ich bin noch auf der Suche, 3. Tätigkeit mit Migranten, Jugendlichen oder Familien

Abbildung 10: Wünschen Sie eine weitere oder andere Tätigkeit

Geht man davon aus, dass in der Wunstorfer Tafel überwiegend logistische Aufgaben getätigt werden, übernehmen 81% der Freiwilligen ehrenamtliche Arbeit direkt am Hilfeempfänger und 19% der Freiwilligen ehrenamtliche Arbeit, indem sie Ressourcen anderer Form (Bürotätigkeiten etc.) bereitstellen. Vergleicht man die Tätigkeitsbereiche geschlechterspezifisch, lässt sich feststellen, dass 78% der Frauen direkt mit den Hilfeempfängern tätig sind, bei den Männern sind es 56%. Die Ehrenamtlichen sind alle zufrieden mit ihrer derzeitigen Tätigkeit, drei von ihnen wünschen sich noch eine weitere Tätigkeit.

3. Angaben zu Ihrer Motivation

Was hat Sie veranlasst, freiwillig tätig zu werden?

Sonstiges: 1. Ich bin behindert und möchte mir und den Betroffenen helfen, 2. Ich sehe bürgerschaftliches Engagement als Bürgerpflicht und Bereicherung

Abbildung 11: Was hat Sie veranlasst, freiwillig tätig zu werden

Die Literatur verweist auf unterschiedliche Motivgruppen:

- Altruistische Gründe (Pflichterfüllung, Gemeinwohlorientierung)
- Gemeinschaftsbezogene Gründe (Kommunikation und soziale Integration)
- Gestaltungsorientierte Gründe (aktive Partizipation und Mitbestimmung)
- Problemorientierte Gründe (Bewältigung eigener Probleme und Veränderung gesellschaftlicher Missstände)
- Entwicklungsbezogene Gründe (personal growth, Selbstverwirklichung)[134]

Ich habe die Motive der Befragung den Motivgruppen zugeordnet:

- Ich möchte anderen eine Wohltat erweisen: Altruistischer Grund
- Ich möchte meine Fähigkeiten weitergeben: Gestaltungsorientierter Grund
- Ich möchte gesellschaftliche Veränderungen: Problemorientierter Grund
- Ich möchte eine nette Gemeinschaft finden: Gemeinschaftsbezogener Grund
- Ich möchte mich nach meinen Interessen engagieren: Entwicklungsbezogener Grund
- Als Einstieg in den Beruf: Problemorientierter Grund

Vergleicht man die Auswertungen der Freiwilligen mit den Motivgruppen, stehen die altruistischen Gründe knapp an erster Stelle (die erste Antwort unter „Sonstiges" mitgezählt), dicht gefolgt von den gestaltungsorientierten Gründen. Vergleicht man die Motivation geschlechterspezifisch, lässt sich feststellen, dass 50% der Männer die Tätigkeit aus altruistischen Beweggründen machen, bei den Frauen sind es 33%. Aus problemorientierten Gründen nimmt keiner der Männer das Ehrenamt auf, aber 22% der Frauen. Die anderen Motivationen weisen geschlechterspezifisch keinen großen Unterschied auf.

4. Angaben zur Person

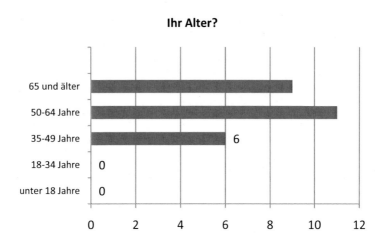

Abbildung 12: Ihr Alter

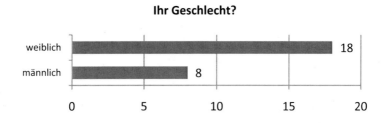

Abbildung 13: Ihr Geschlecht

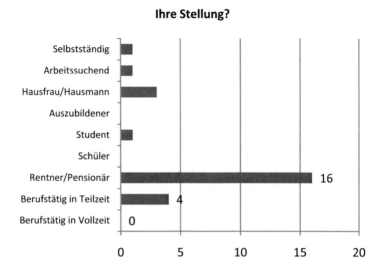

Abbildung 14: Ihre Stellung

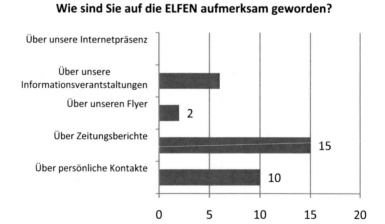

Abbildung 15: Wie sind Sie auf die ELFEN aufmerksam geworden

Die Altersklasse der 50-64 Jährigen sind mit 42% am häufigsten vertreten, gefolgt von den über 65 Jährigen. Es gibt keine Freiwilligen, die unter 35 Jahre sind.

69% der Freiwilligen sind Frauen, 31% der freiwillig Tätigen sind Männer. Hinsichtlich der Verteilung nach dem Erwerbsstatus nehmen die Rentner 62% der Freiwilligen ein. Diese Ergebnisse sind vergleichbar mit der bagfa-Erhebung.[135]

Die Mundpropaganda nimmt zusammengefasst in Abb. 15 den größten Stellenwert ein. Der Vorteil der Mundpropaganda ist, dass der Engagierte von seinen Erfahrungen berichtet und falsche Vorstellungen und Vorurteile ausräumen kann.[136]

5 Haben Sie Anregungen oder Verbesserungsvorschläge für uns?

Von 26 Freiwilligen haben 8 Freiwillige ihre Meinung geäußert und wünschen:

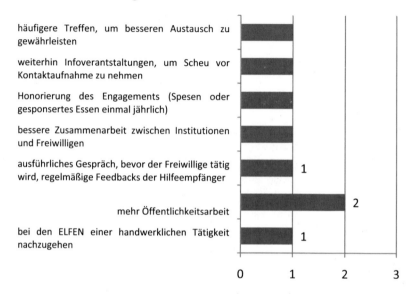

Abbildung 16: Anregungen

Acht Freiwillige (31%) haben die Möglichkeit genutzt, Anregungen und Verbesserungsvorschläge über diesen Weg weiterzugeben. Diese erstreckten sich über den Wunsch nach häufigeren Treffen, einer Honorierung der freiwilligen Tätigkeit, einer besseren Zusammenarbeit zwischen Institutionen und Freiwilligen bis zum Wunsch nach mehr Öffentlichkeitsarbeit der ELFEN.

7. Schlussbetrachtungen

Freiwilliges Engagement hat einen Strukturwandel vom Ehrenamt zum bürgerschaftlichen Engagement hinter sich. Engagierte Menschen erwarten, dass sie mitgestalten und ihre eigenen Vorstellungen einbringen können. Ihre Motive sind einerseits die Persönlichkeitsentfaltung, zum anderen die Gestaltung ihrer Lebenswelt. Engagierte Menschen wollen „Subjekt des eigenen Handelns" sein und lassen sich nicht durch traditionelle Institutionen instrumentalisieren. Überall dort, wo sich Menschen in ihrem freiwilligen Handeln ernst genommen und anerkannt fühlen, nimmt das Engagementpotential zu.[137] Kösters (2002) stellt sich für die Zukunft vor, dass es „zum guten Ton gehört, freiwillig engagiert zu sein."[138] Es wäre wünschenswert, wenn die Bürger sich mit ihren staatlichen Institutionen und ihrer gesellschaftlichen Verfassung identifizieren und sie aktiv mitgestalten wollen und realisieren, dass es Sinn ergibt, füreinander Verantwortung zu übernehmen. Seine Vision ist das Gelingen neuer sozialer Netze in einer von Ein- und Zwei-Personenhaushalten geprägten Gesellschaft, die die bisherigen familiären Formen unterstützt und fördert, aber auch anderen Modellen gegenüber aufgeschlossen ist. Des Weiteren hofft Kösters, dass sich die politischen und verbandsorientierten Strukturen ändern und damit mittel- und langfristig die Solidarität in der Gesellschaft erhalten bleibt. Es geht um eine Bürgergesellschaft, in der der Staat seinen Bürgern das Engagement ermöglicht, das sie entfalten wollen. Seines Erachtens ist es sinnvoll, freiwilliges Engagement in den

Schulen und Hochschulen als festem Bestandteil des Unterrichts zu integrieren.[139] Freiwilligenagenturen können behilflich sein bei der Veränderung der Strukturen, wie sie Kösters fordert.

„Freiwilligenagenturen sind mit ihrer Arbeit zu wichtigen Einrichtungen der Förderung, Vernetzung und Bündelung bürgerschaftlichen Engagements auf lokaler Ebene geworden. Durch adäquate Information, professionelle Beratung, ‚passgenaue' Vermittlung, differenzierte Formen der Qualifizierung, gezielte Öffentlichkeits- und politische Lobbyarbeit für bürgerschaftliches Engagement leisten sie einen wirkungsvollen Beitrag zur Engagementsförderung in Deutschland."[140]

Für die Zukunft der Freiwilligenagenturen erhält die fachliche Profileinschätzung eine entscheidende Bedeutung. Eine wichtige Aufgabe wird sein, die Institutionen, Organisationen und Vereine hinsichtlich ihrer zivilgesellschaftlichen Öffnung zu beraten. Diese Beratung findet in unterschiedlichen Formen schon statt. Untersuchungen über den Erfolg dieser Beratungsarbeit von Freiwilligenagenturen liegen noch nicht vor. Gleichwohl sollte die Information, Beratung und Vermittlung engagementsinteressierter Bürger eine Kernaufgabe von Freiwilligenagenturen bleiben. Darüber hinaus gilt es, die Beratungsarbeit für Organisationen weiter auszubauen, die wiederum spezifische Qualifikationsmerkmale der Mitarbeiter voraussetzt. Erst eine stabile Basisfinanzierung dieser Einrichtungen erlaubt, diesen Aufgabenbereich weiter auszubauen. Freiwilligenagenturen sind, bis auf wenige Ausnahmen, sehr junge Einrichtungen, die überwiegend nach 1997 gegründet wurden. Sie werden teilweise ausschließlich von Freiwilligen getragen, teilweise sind sie mit ein bis drei hauptamtlichen Kräften besetzt. Einige dieser Agenturen haben sich durch ergänzende Projekte spezialisiert. Die unzureichende und ungesicherte Finanzierung, die häufig eine Mischfinanzierung ist, birgt die Gefahr des Zusammenbruchs dieser noch jungen Struktur. Eine bedarfsgerechte Infrastruktur kann mit der derzeitigen finanziellen Unsicherheit nicht gewährleistet werden. Die Entfaltung der Bürgergesellschaft und einer neuen Freiwilligenkultur ist eine Gemeinschaftsaufgabe von Bund, Ländern und Kommunen. Dazu gehört auch eine grundständige Absicherung der Freiwilligenagenturen durch öffentliche Mittel, sowie qualifizierte berufliche Mitarbeiter, die die Förderung des Engagements auf eine verbindliche Grundlage stellen.[141]

Ich beziehe mich noch einmal auf das in der Einleitung erwähnte Gedicht von Wilhelm Busch über das Ehrenamt. Es steckt gewiss ein Stück Wahrheit darin, vielleicht sogar wesentlich mehr. Deswegen muss in das Ehrenamt investiert werden; denn was durch die Förderung des bürgerschaftlichen Engagements geschaffen werden kann, hat einen unersetzlichen Wert. „Kameradschaftsgeist, Solidarität, Fraternité, Brüderlichkeit – es gibt viele ähnliche Worte, jedes hat einen etwas anderen Beiklang, aber sie meinen alle dasselbe: Mitmenschlichkeit. Dass es immer wieder auch Menschen gegeben hat, die einem beistanden, das war die beste, ja die allein beglückende Erfahrung [...]."[142]

Quellenverzeichnis

Aner, Kirsten: Individualistisch-liberal oder solidarisch orientiert? Freiwilliges Engagement- Zur Positionsbestimmung Sozialer Arbeit. In. Sozial Extra Februar/März 2003, S.46-51

Backes, Gertrud: Frauen und soziales Ehrenamt. Zur Vergesellschaftung weiblicher Selbsthilfe. Augsburg 1987

Backes, Gertrud u.a.: Die Arbeit mit dem Faktor Sympathie. Sozial Extra-Umfrage: Sind ehrenamtliche und professionelle Arbeit gleich effektiv? In. Sozial Extra 4/95, S. 8-13

Badelt, Christoph: Ehrenamtliche Arbeit im Nonprofit Sektor. In: Badelt, Christoph (Hrsg.): Handbuch der Nonprofit Organisation. Strukturen und Management. Stuttgart (2. Überarbeitete und erweiterte Auflage) 1999

Beck, Ulrich: Risikogesellschaft. Auf dem Weg in eine andere Moderne. Suhrkamp Verlag, Frankfurt am Main 1986

Bendele, Ulrich: Soziale Hilfen zu Discountpreisen. Unbezahlte Arbeit in der Grauzone des Arbeitsmarktes. In: Müller, Siegfried/ Rauschenbach, Thomas (Hrsg.): Das soziale Ehrenamt. Nützliche Arbeit zum Nulltarif. Juventa Verlag Weinheim und München 1988, S. 71-86

Blanke, Bernhard: Chancen und Grenzen des bürgerschaftlichen Engagements. Ergänzende Impulse. In: Fachtagung. Dokumentation: Wenn Menschen sich engagieren. Praxis und Zukunft des bürgerschaftlichen Engagements. 16.02.2000 im TZU Oberhausen, S.19

Bock, Theresa: Ehrenamtliche/ freiwillige Tätigkeit im sozialen Bereich. In: Deutscher Verein für öffentliche und private Fürsorge (Hrsg.): Fachlexikon der sozialen Arbeit, (4. Auflage), Frankfurt am Main 1997

Braun, Joachim, Bischoff, Stefan., Gensicke, Thomas.: Förderung des freiwilligen Engagements und der Selbsthilfe in Kommunen. Kommunale Umfrage und Befragung von Selbsthilfekontaktstellen, Freiwilligenagenturen und Seniorenbüros zur Förderpraxis und zur künftigen Unterstützung des freiwilligen Engagements. ISAB-Berichte aus Forschung und Praxis, Nr. 72, ISAB-Verlag, Leipzig 2001

Buchholz, Marcus: Endlich Zeit für …Ehrenamt. Lutherisches Verlagshaus GmbH, Hannover 2006

Ebert, Hartnuß, Rahn, Schaaf-Derichs: Freiwilligenagenturen in Deutschland. Ergebnisse einer Erhebung der Bundesarbeitsgemeinschaft der Freiwilligenagenturen (bagfa). Bundesministerium für Familie, Senioren, Frauen und Jugend (Hrsg.), Kohlhammer Verlag, Stuttgart 2002

Enquete- Kommission: „Zukunft des Bürgerschaftlichen Engagements". Bürgerschaftliches Engagement: auf dem Weg in eine zukunftsfähige Bürgergesellschaft. Opladen 2002

Hacket, Anne und Mutz, Gerd: Empirische Befunde zum bürgerschaftlichen Engagement. In. Aus Politik und Zeitgeschichte, B9/2002, S.39-46

Heinze, Rolf G. und Strünck, Christoph: Die freie Wohlfahrtspflege auf dem Prüfstand (VI): Das soziale Ehrenamt in der Krise- Wege aus dem Dilemma. In: Theorie und Praxis der Sozialen Arbeit 5/99, S. 163-168

Hradil, Stefan: Eine Gesellschaft der Egoisten? Gesellschaftliche Zukunftsprobleme, moderne Lebensweisen und soziales Mitwirken. In: Gegenwartskunde (45. Jg.) 2/1996, S.267-296

Jakob, Giesela: Zwischen Ehrenamt und Profession. Eine Replik auf H. Müller- Kohlenbergs Modell einer ‚neuen Professionalität in der Sozialarbeit'. In: Sozial Extra 4/95, S. 6-7

Jakob, Giesela und Olk, Thomas: Professionelles Handeln und ehrenamtliches Engagement. Ein „neuer" Blick auf ein „altes" Problem. In: Sozialmagazin (20.Jg.) 3/95, S. 19-23

Kallscheuer, Otto: Gemeinsinn und Demokratie. In: Zahlmann, Christel: Kommunitarismus in der Diskussion. Eine streitbare Einführung. Rotbuch Verlag, Berlin 1992, S. 109-117

Keupp, Heiner: Kommunale Förderbedingungen für bürgerschaftliches Engagement. In: Aus Politik und Zeitgeschichte, B9/2002, S. 15-21

Keupp, Heiner: Plädoyer für eine zivilgesellschaftliche „Neuerfindung" Sozialer Arbeit. In: Theorie und Praxis der Sozialen Arbeit, Nr.3/2007, S.11-18

Kösters, Winfried: Ehre allein- das reicht nicht mehr. Zur Zukunft des freiwilligen Engagements in Deutschland. Lambertus- Verlag, Freiburg im Breisgau 2002

Müller-Kohlenberg, Hildegard, Kardorff, Ernst von, Kraimer, Klaus: Laien als Experten. Eine Studie zum sozialen Engagement im Ost- und Westteil Berlins. Europäischer Verlag der Wissenschaften, Frankfurt am Main 1994

Müller- Kohlenberg, Hildegard: Laienhilfe- die bessere Alternative? In: Müller, Siegfried/ Rauschenbach, Thomas (Hrsg.): Das soziale Ehrenamt. Nützliche Arbeit zum Nulltarif. Juventa Verlag Weinheim und München 1988, S. 185-193

Nörber, Martin: Jung und engagiert. Neuere Daten zum ehrenamtlichen Engagement junger Menschen. In: deutsche Jugend. Zeitschrift für die Jugendarbeit, 49 Jg. (2001) Heft 4, S. 165-174

Notz, Gisela: Arbeit ohne Geld und Ehre. Zur Gestaltung ehrenamtlicher sozialer Arbeit. Opladen 1987

Notz, Gisela: Die neuen Freiwilligen. Das Ehrenamt- Eine Antwort auf die Krise? 1. Auflage, AG-SPAK- Bücher Neu- Ulm 1998a

Notz, Gisela: Was ist das neue Ehrenamt? In: Recht der Jugend und das Bildungswesen 3/98, 1998b

Olk, Thomas: Ehrenamtliche Helfer. In: Kreft/ Mielenz (Hrsg.): Wörterbuch sozialer Arbeit. Weinheim u.a. (4. Auflage) 1996

Otto-Schindler, Martina: Berufliche und ehrenamtliche Hilfe. Perspektiven der Zusammenarbeit. Universitätsverlag, Osnabrück 1996

Peglow, Meike: Das neue Ehrenamt. Erwartungen und Konsequenzen für die soziale Arbeit. Tectum Verlag, Marburg 2002

Rauschenbach, Thomas: „Ehrenamt"- eine Bekannte mit (zu) vielen Unbekannten. Randnotizen zu den Defiziten der Ehrenamtsforschung. In: Kistler, Ernst/ Noll, Heinz- Herbert/ Priller, Eckhard (Hrsg.): Perspektiven gesellschaftlichen Zusammenhalts. Empirische Befunde, Praxiserfahrungen, Meßkonzepte. Berlin 1999

Rauschenbach, Thomas: Wenn Menschen sich engagieren. Praxis und Zukunft des bürgerschaftlichen Engagements. Fachtagung, Dokumentation am 16.02.2002 im TZU Oberhausen, Friedrich-Ebert-Stiftung, Ministerium für

Frauen, Jugend, Familie und Gesundheit des Landes Nordrhein-Westfalen (Hrsg.)

Roth, Roland: Kommunitaristische Sozialpolitik? Anmerkungen zur aktuellen Debatte über Professionalität und Ehrenamt in der Sozialpolitik. In: Forschungsjournal Neue Soziale Bewegungen (8. Jg) 3/95, S.47

Sachße, Christoph: Ehrenamtlichkeit, Selbsthilfe und Professionalität. Eine historische Skizze. In: Müller, Siegfried/ Rauschenbach, Thomas (Hrsg.): Das soziale Ehrenamt. Nützliche Arbeit zum Nulltarif. Juventa Verlag Weinheim und München 1988, S. 51-55

Sachße, Christoph: Traditionslinien bürgerschaftlichen Engagements in Deutschland. In: Aus Politik und Zeitgeschichte, B9/2002, S. 3-5

Sass, Erich: Das Freiwilligenzentrum Dortmund. Ein Modellprojekt zur Förderung der freiwilligen Mitarbeit in der Jugendarbeit. In: Solidarität inszenieren... Freiwilligen-Agenturen in der Praxis. Dokumentation einer Tagung. Stiftung Mitarbeit/ Treffpunkt Hilfsbereitschaft Berlin/ Freiwilligen-Agentur Bremen/ Zentrum für Freiwilligenarbeit c/o Jugendring Dortmund (Hrsg), Bonn 1997, S. 57-71

Schmidt, Helmut: Ausser Dienst. Eine Bilanz. Siedler Verlag, München 2008

Siewert, Jörg: Das „neue" Ehrenamt in der Kultur. Mehr als finanzpolitische Ideologie? In: Zeitschrift für Soziokultur Niedersachsen Nr. 27/ Jan. 98 der LAGS Niedersachsen

Stein, Gebhard: Vereine und soziale Dienste. Das Ehrenamt auf dem Lande. In: Müller, Siegfried/ Rauschenbach, Thomas (Hrsg.): Das soziale Ehrenamt. Nützliche Arbeit zum Nulltarif. Juventa Verlag Weinheim und München 1988, S. 145-152

Strachwitz, Rupert Graf: Zur Rolle von Stiftungen für das Bürgerengagement und für Freiwilligenagenturen oder: Über Solidarität, Partnerschaft und Aufgabenverteilung im Dritten Sektor. In: Freiwilligenagenturen, Stiftungen und Unternehmen: Modelle für neue Partnerschaften. Stiftung Mitarbeit/ Bundesarbeitsgemeinschaft der Freiwilligenagenturen (Hrsg.), Bonn 1999, S. 15-28

Wessels, Christiane: Das soziale Ehrenamt im Modernisierungsprozess. Chancen und Risiken des Einsatzes beruflich qualifizierter Frauen. Centaurus-Verlagsgesellschaft, Pfaffenweiler 1994

Verzeichnis der verwendeten Internetquellen

Bundesministerium für Familie, Senioren, Frauen und Jugend 2004: http://www.bmfsfj.de/RedaktionBMFSFJ/Pressestelle/Pdf-Anlagen/zweiter-freiwilligensurvey-kurzfassung,property=pdf,bereich=,rwb=true.pdf, am 01.03.2009

Bundesministerium für Finanzen: http://www.bundesfinanzministerium.de/nn_69742/DE/BMF__Startseite/Service/Glossar/E/021__Ehrenamt.html, am 01.03.2009

Deutscher Bundestag. Drucksache 13/5383 vom 02.08.1996:

http://dip21.bundestag.de/dip21/btd/13/053/1305383.asc am 22.03.2009

Deutsches Institut für Wirtschaftsforschung Berlin:

http://www.diw.de/deutsch/pressemitteilungen/27283?pcode=63450&language=deutsch, am 08.03.2009

ELFEN Wunstorf: www.elfeninwunstorf.de am 20.04.2009

Freiwilligenserver 2009:

Qualifizierung zum Lotsen:
http://www.freiwilligenserver.de/index.cfm?uuid=2282DE7349DB4357AC23B07593450799&&IRACER_AUTOLINK&&, am 05.04.2009

Richtlinie über die Gewährung von Zuwendungen zur Förderung von Freiwilligenagenturen:
http://www.freiwilligenserver.de/doc/doc_download.cfm?uuid=6930B6E8C2975CC8A60623B18A6F258F&&IRACER_AUTOLINK&&, am 05.04.2009

Versicherungsschutz im Ehrenamt:
http://www.freiwilligenserver.de/index.cfm?uuid=90316073A54D11D7B43D0080AD795D93&&IRACER_AUTOLINK&&, am 05.04.2009

Freiwilligensurvey 2004:

http://www.freiwilligenserver.de/doc/doc_download.cfm?uuid=A84A9362C2975CC8A5447E1CDCA05CC6&&IRACER_AUTOLINK&&, am 04.03.2009, S.4

Freiwilliges Engagement in Deutschland 1999-2004:

http://www.bmfsfj.de/RedaktionBMFSFJ/Arbeitsgruppen/Pdf-Anlagen/freiwilligen-survey-langfassung,property=pdf,bereich=,rwb=true.pdf, am 20.04.2009

Gesetz zur Stärkung des bürgerschaftlichen Engagements 2007:

http://www.kommunalpolitik-berlin.de/pdf/03.12.07-3.pdf am 21.03.2009

Niedersächsisches Ministerium für Soziales, Frauen, Familie und Gesundheit:

Bürgerschaftliches Engagement:
http://www.ms.niedersachsen.de/master/C165878_N41787269_L20_D0_I674.html, am 22.03.2009

Kompetenznachweis über ehrenamtliche Tätigkeit:
http://www.ms.niedersachsen.de/master/C41875080_N41875247_L20_D0_I674.html, am 05.04.2009

Mitarbeiten (04/2002):

http://www.mitarbeit.de/mitarbeiten_4_2002.html, am 01.03.2009

Stadt Wunstorf 2009:

http://www.wunstorf.de/inhalt/datei.php?id=OTIyMDAwMDEwOy07L3Vzci9sb2NhbC9ldGMvaHR0cGQvdmh0ZG9jy93dW5zdG9yZi93dW5zdG9yZi9tZWRpZW4vZG9rdW1lbnRlL3phaGxlbl9kYXRlbl9mYWt0ZW5fMjAwOS5wZGY%3D, am 04.04.2009

Statista, das Statistikportal:
http://de.statista.com/statistik/daten/studie/1224/umfrage/arbeitslosenquote-in-deutschland/ am 01.03.2009

Stricker, Michael: Ehrenamt als soziales Kapital. Partizipation und Professionalität in der Bürgergesellschaft. Genehmigte Dissertation 2006:

http://duepublico.uni-duisburg-essen.de/servlets/DerivateServlet/Derivate-14894/Stricker_Diss.pdf am 22.03.2009

Erschienen im gedruckten Tagesspiegel am 28.09.2007:

http://www.tagesspiegel.de/berlin/Landespolitik-Thilo-Sarrazin-Hartz-IV;art124,2389002 am 21.03.2009

www.gesetze-im-internet.de/tmg/BJNR017910007.html#BJNR017910007BJNG000200000, am 15.04.2009

Religionswissenschaftlicher Medien- und Informationsdienst e.V.: http://www.remid.de/remid_info_zahlen.htm am 01.03.2009

[1] Rauschenbach 1999, S. 71
[2] Bock 1997, S.241
[3] Olk 1996, S. 150
[4] Bundesarbeitsgemeinschaft der Freien Wohlfahrtspflege zit. n. Wessels 1994, S.13
[5] Ebert, Hartnuß, Rahn, Schaaf-Derichs 2002, S.21
[6] Vgl. Kösters 2002, S. 16ff
[7] Vgl. Notz 1998, S.20f
[8] Vgl. Bundesministerium für Familie, Senioren, Frauen und Jugend2004
[9] Vgl. Kösters 2002, S. 14
[10] Vgl. Religionswissenschaftlicher Medien- und Informationsdienst e.V.
[11] Vgl. Nörber 2001, S.165f
[12] Freiwilliges Engagement in Deutschland 1999-2004, S.67
[13] Freiwilliges Engagement in Deutschland 1999-2004, S.332
[14] Freiwilliges Engagement in Deutschland 1999-2004, S.339
[15] Freiwilligensurvey 2004, S.22
[16] Vgl. Niedersächsisches Ministerium für Soziales, Frauen, Familie und Gesundheit: Bürgerschaftliches Engagement
[17] Bürgerumfrage Aktivierender Staat 2000, S.19
[18] Vgl. Bundesministerium für Finanzen 2009
[19] Vgl. Notz 1987, S. 22
[20] Vgl. Otto-Schindler 1996, S.31
[21] Vgl. Buchholz 2006, S. 13
[22] Vgl. Peglow 2002, S. 11
[23] Vgl. Sachße 2002, S. 4
[24] Vgl. Stein 1988, S. 145f
[25] Sachße 1988, S. 53
[26] Vgl. Otto-Schindler 1996, S.33
[27] Otto-Schindler 1996, S.34
[28] Vgl. Otto-Schindler 1996, S.34f
[29] Vgl. Kallscheuer 1992, S. 114
[30] Vgl. Sachße 1988, S. 51f
[31] Vgl. Sachße 1988, S. 52ff
[32] Vgl. Buchholz 2006, S. 15
[33] Vgl. Backes 1987, S. 55
[34] Vgl Notz 1987, S. 35f
[35] Sachße 2002, S. 3
[36] Vgl Notz 1987, S. 37
[37] Vgl. Siewert 1998
[38] Vgl. Statista 2009
[39] Schmidt 2008, S.228
[40] Vgl. Notz 1998, S. 10ff
[41] Vgl. Schmidt 2008, S.219ff
[42] Roth 1995, S.47
[43] Vgl. Notz 1998a, S.16ff

[44] Notz 1998a, S.16
[45] Vgl. Aner 2003, S.48
[46] Vgl. Hradil 1996, S.269ff
[47] Vgl. Schmidt 2008, S.224f
[48] Vgl. Notz 1998a, S. 13ff
[49] Lübbe zit. n. Kösters 2002, S. 15
[50] Vgl. Beck 1986, S.300ff
[51] Beck 1986, S.304
[52] Vgl. Kösters 2002, S.15ff
[53] Wessels 1994, S.149
[54] Vgl. Enquete- Kommission 2002, S.50
[55] Vgl. Hradil 1996, S. 278f
[56] Vgl. Hachet und Mutz 2002, S. 42
[57] Vgl. Bender zit. n. Kösters 2002, S. 15
[58] Vgl. Notz 1998b, S. 313
[59] Vgl. Peglow 2002, S. 28
[60] Vgl. Notz, 1998a, S. 35f
[61] Vgl. Stein 1988, S. 150
[62] Vgl. Rauschenbach 2000, S.38
[63] Vgl. Enquete- Kommission 2002, S. 49
[64] Vgl. Siewert 1998
[65] Vgl. Hacket und Mutz 2002, S. 43ff
[66] Vgl. Heinze und Strünck 1999, S. 167
[67] Vgl. Müller-Kohlenberg, Kardorff, Kraimer 1994, S.86ff
[68] Wessels 1994, S. 105
[69] Vgl. Otto-Schindler 1996, S.166f
[70] Vgl Müller-Kohlenberg 1988, S. 185ff
[71] Vgl. Peglow 2002, S. 82ff
[72] Vgl. Müller-Kohlenberg, Kardorff, Kraimer 1994, S. 146f
[73] Vgl. Bendele 1988, S. 86
[74] Bendele 1988, S.84
[75] Vgl. Backes u.a. 1995, S. 10ff
[76] Vgl. Otto Schindler 1996, S.168ff
[77] Vgl. Peglow 2002, S.88
[78] Vgl. Notz 1987, S. 121
[79] Der Tagesspiegel 2007
[80] Vgl. Gesetz zur Stärkung des bürgerschaftlichen Engagements 2007
[81] Vgl. Peglow 2002, S. 94
[82] Deutscher Bundestag 1996
[83] Vgl. Strachwitz 1999, S. 19
[84] Badelt 1999, S.459f
[85] Notz 1987, S. 198
[86] Müller-Kohlenberg, Kardorff, Kraimer 1994, S.159f
[87] Vgl. Peglow 2002, S.98
[88] Vgl. Braun, Bischoff und Gensicke 2001, S.49

[89] Braun, Bischoff und Gensicke 2001, S.51
[90] Braun, Bischoff und Gensicke 2001, S.53
[91] Vgl. Braun, Bischoff und Gensicke 2001, S.53ff
[92] Vgl. Jakob, Olk 1995, S.20f
[93] Vgl. Sturzenhecker 1998 zit. n. Peglow 2002, S.100ff
[94] Vgl. Olk 1996 zit. n. Peglow 2002
[95] Vgl. Notz 1987, S.137
[96] Vgl. Peglow 2002, S. 105f
[97] Vgl. Peglow 2002, S. 106
[98] Vgl. Müller-Kohlenberg, Kardorff, Kraimer 1994, S. 83
[99] Vgl. Otto-Schindler 1996, S.165
[100] Vgl. Bundesarbeitsgemeinschaft der Freien Wohlfahrtspflege zit. n. Notz 1987, S.119f
[101] Vgl. Müller-Kohlenberg, Kardorff, Kraimer 1994, S. 147
[102] Vgl. Stricker 2006, S.187
[103] Stricker 2006, S. 187
[104] Vgl. Müller-Kohlenberg, Kardorff, Kraimer 1994, S. 147f
[105] Jakob 1995, S.6
[106] Vgl. Jakob 1995, S.6
[107] Jakob/Olk 1995, S.21
[108] Müller-Kohlenberg, Kardorff, Kraimer 1994, S. 139
[109] Vgl. Wessels 1994, S. 107
[110] Vgl. Notz 1987, S.196
[111] Vgl. Ebert et al. 2002, S.24
[112] Vgl. Ebert et al. 2002, S.37ff
[113] Olk zit. n. Kösters 2002, S.52
[114] Vgl. mitarbeiten (4/2002)
[115] mitarbeiten (4/2002)
[116] Vgl Kösters 2002, S.52ff
[117] Vgl. Deutsches Institut für Wirtschaftsförderung
[118] Vgl. Kösters 2002, S.52ff
[119] Vgl. Keupp 2002, S.19
[120] Peglow 2002, S.110
[121] Vgl. Peglow 2002, S.109
[122] Sass 1997, S.60
[123] Vgl. Kösters 2002, S.58ff
[124] Vgl. Ebert et al. 2002, S.53
[125] Vgl. Kösters 2002, S.58ff
[126] Vgl. Ebert et al. 2002, S.88ff
[127] Aufgrund der besseren Lesbarkeit nenne ich die Engagements-Lotsen für Ehrenamtliche Niedersachsen nachfolgend ELFEN
[128] Vgl. Freiwilligenserver 2009: Qualifizierungslehrgang zum Lotsen
[129] Vgl. Freiwilligenserver 2009: Richtlinie über die Gewährung von Zuwendungen zur Förderung von Freiwilligenagenturen

[130] Vgl. Niedersächsisches Ministerium für Soziales, Frauen, Familie und Gesundheit: Kompetenznachweis für ehrenamtliche Tätigkeit
[131] Vgl. Freiwilligenserver 2009: Versicherungsschutz im Ehrenamt
[132] Vgl. Stadt Wunstorf 2009
[133] Nach telefonischer Auskunft von Frau Eising vom Niedersächsischen Landesamt für Soziales, Jugend und Familie, Tel.: 05121-304683
[134] Vgl. Kösters 2002, S.48
[135] Vgl Ebert et al. 2002, S.74f
[136] Vgl. Müller-Kohlenberg, Kardorff, Kraimer 1994, S.82
[137] Vgl. Keupp 2007, S.18
[138] Kösters 2002, S.120
[139] Vgl. Kösters 2002, S.120f
[140] Ebert et al. 2002, S.102
[141] Vgl. Ebert et al. 2002, S.102ff
[142] Schmidt 2008, S.72